SERGE BRUYÈRE

Ses recettes originales et revisitées

Les Éditions
LA PRESSE

Coordination du projet et auteure
Anne L. Desjardins

Conception graphique
Exit Communications

Photographies
Louis Perron, Œil pour Œil photographie
Œilpourœilphoto.com

Stylisme culinaire
Christophe Alary

LES ÉDITIONS LA PRESSE

Président
André Provencher

Directeur à l'édition
Martin Rochette

Éditrice déléguée
Martine Pelletier

Les Éditions
LA PRESSE

7, rue Saint-Jacques
Montréal (Québec) H2Y 1K9
1 800 361-7755

Dépôt légal – 3e trimestre 2007
Bibliothèque nationale du Québec
Bibliothèque nationale du Canada
ISBN 978-2-923194-55-4

Imprimé et relié au Québec

**Catalogage avant publication
de Bibliothèque et Archives nationales du Québec
et Bibliothèque et Archives Canada**

Vedette principale au titre:
Serge Bruyère – Ses recettes originales et revisitées

Comprend des index.

ISBN 978-2-923194-55-4

1. Cuisine. I. Bruyère, Serge. II. Fondation Serge-Bruyère.

TX714.H65 2007 641.5 C2007-941571-7

L'éditeur remercie le gouvernement du Québec pour l'aide financière accordée à l'édition de cet ouvrage, par l'entremise du Programme de crédit d'impôt pour l'édition de livres, administré par la SODEC.

Nous reconnaissons l'aide financière du gouvernement du Canada par l'entremise du Programme d'aide au développement de l'industrie de l'édition (PADIÉ), pour nos activités d'édition.

Table des matières

ENTRÉES

PLATS PRINCIPAUX

PLATS PRINCIPAUX (suite)

DESSERTS

Remerciements

Un merci tout spécial aux 12 chefs qui ont accepté de créer bénévolement chacun cinq recettes inspirées par leur mentor en un temps record et à une période de l'année où ils sont particulièrement occupés. Christophe Alary, Martin Côté, Pierre Dulac, Jean-François Girard, Éric Harvey, Yves Kervadec, Marie-Chantal Lepage, Myriam Pelletier, Michel Poitras, Jean Soulard, Daniel Vézina et Éric Villain, vous avez toute ma gratitude. Et je sais que Serge Bruyère serait bien fier de vous, une fois de plus!

Merci à Robert Bouchard, fidèle partenaire dans le crime de Serge Bruyère, qui a accepté de me prêter ses archives et de livrer un touchant témoignage sur les 14 années passées à faire d'À la Table de Serge Bruyère un des plus grands succès de l'histoire de la restauration québécoise.

Merci à nos complices de la maison Mauvalin, qui ont fourni la vaisselle et de nombreux accessoires nécessaires aux photos des recettes.

Merci à Jean-Pierre Angers, d'Allard fruits et légumes, pour sa généreuse contribution.

Merci à Christophe Alary, pour sa grande disponibilité, ses judicieux conseils, son expertise à toute épreuve et son œil de lynx qui ne laisse pas passer un seul gramme de trop!

Merci à Louis Perron, dont les appétissantes photos sont pour moi des œuvres d'art.

Merci à Louis Gauvin, pour son impeccable travail de mise en forme graphique.

Merci à Éric Villain, Marie-Chantal Lepage et Jean Vachon, de la Fondation Serge-Bruyère, pour votre passion et votre foi en ce beau projet.

Merci à Martine Pelletier et à Martin Rochette, des Éditions La Presse, pour leur soutien constant, leur gentillesse et leur omniprésence discrète.

Anne L. Desjardins
Coordonnatrice du livre et auteure

SERGE BRUYÈRE
un héritage à partager avec la FONDATION SERGE-BRUYÈRE

Fondation
SERGE-BRUYÈRE

Serge Bruyère est mort le 24 mai 1994, quelques jours avant son 43e anniversaire. Ce grand cuisinier né dans la région de Lyon est tombé follement amoureux de la ville de Québec dès son premier séjour, en 1976. En 1978, il venait s'y installer définitivement pour fonder, deux ans plus tard, À la Table de Serge Bruyère, un restaurant qui fut longtemps LA référence gastronomique au Québec. Mais Serge Bruyère a beau être le seul chef québécois à figurer dans le Larousse gastronomique, aux côtés de son ami acadien Renaud Cyr, du Manoir des Érables, aucune documentation ni trace tangible de son passage parmi nous n'a survécu à sa brutale disparition, si ce n'est le souvenir indélébile que cet homme généreux a laissé dans le cœur de tous ceux qui ont eu la chance de le côtoyer.

C'est pourquoi un groupe de cuisiniers qui l'ont connu et aimé et qui ont eu la chance de bénéficier de son immense expertise ont-ils décidé de commémorer le dixième anniversaire de sa mort en créant, en mai 2004, la Fondation Serge-Bruyère. La mission de la Fondation est simple: honorer la mémoire de Serge Bruyère en soutenant la relève, tout en faisant connaître sa philosophie culinaire, qui reposait sur la simplicité et la fraîcheur des produits locaux. Il serait terriblement injuste que cet être d'exception, qui aimait profondément son métier et qui a grandement contribué à faire émerger la gastronomie québécoise, soit mort pour rien.

De fait, son héritage est proprement colossal: non seulement a-t-il introduit la fine cuisine actualisée chez nous tout en jetant les bases d'une gastronomie soucieuse de qualité et basée sur un rapport de proximité avec les fournisseurs, mais il a aussi consacré énormément de temps et d'énergie à former des dizaines de cuisiniers compétents au fil des 14 ans qu'a duré la belle aventure d'À la Table de Serge Bruyère. Sa passion pour la cuisine et son dévouement à la cause de la reconnaissance du métier, qu'il voyait comme un sacerdoce, étaient totaux. Il a su transmettre cette flamme aux membres de sa brigade, en même temps qu'il leur faisait découvrir l'importance du travail bien fait, le respect des clients et des producteurs.

Afin de financer ses activités de soutien à la relève sous forme de bourses d'études et de stages de perfectionnement, la Fondation Serge-Bruyère organise chaque année des événements-bénéfice. Toques et Terroirs est une grande fête des récoltes qui se tient le troisième samedi de septembre au Marché du Vieux-Port de Québec, réunissant chefs et producteurs dans des ateliers de cuisine et des séances de dégustation de produits locaux très appréciés du public. Le gala annuel de la Fondation, qui a lieu en mars, est un autre moment important qui nous permet de décerner le prix Reconnaissance et de financer les bourses d'études remises aux gagnants du concours La Relève Serge-Bruyère, qui sont

Édifice Livernois, devenu par la suite le restaurant À la Table de Serge Bruyère.

Photo : Claude Bureau et associés inc.

Automne 1993. Souper-hommage à Serge Bruyère auquel participait une grande partie des chefs de Québec, la plupart formés par Bruyère.

décernées à des jeunes finissants des écoles hôtelières du Québec. D'autres projets ponctuels nous permettent de saluer la mémoire de Serge Bruyère, comme la participation des chefs de la région de Québec à la création des recettes du best-seller *Les recettes des aliments contre le cancer.*

Le projet de livre auquel Les Éditions La Presse ont convié la Fondation Serge-Bruyère à participer cette année est un magnifique et très original hommage à ce légendaire cuisinier. Il contribuera certainement à raviver sa mémoire dans le cœur de nombreux admirateurs qui l'ont suivi du temps d'À la Table de Serge Bruyère, tout en faisant connaître son héritage à d'autres amoureux de bonne chère et de beaux produits. La quasi-totalité des droits d'auteur seront remis à la Fondation, ce qui lui permettra de poursuivre son œuvre de soutien à la relève et de mise en valeur d'une gastronomie simple et authentiquement québécoise, comme l'aimait Serge Bruyère.

La Fondation tient à remercier Les Éditions La Presse pour leur généreuse contribution à l'avancement de cette juste cause. Notre gratitude va aussi à l'auteure et journaliste Anne L. Desjardins, du SOLEIL, première récipiendaire du prix Reconnaissance de la Fondation Serge-Bruyère pour son apport exceptionnel à la mise en valeur de notre gastronomie. Elle s'est chargée de coordonner le projet et d'en rédiger tous les textes. Enfin, une fois de plus, chapeau aux chefs pour leur solidarité à l'égard de la mission de la Fondation! Ce livre n'existerait pas sans l'apport exceptionnel des 12 cuisiniers qui ont accepté de créer bénévolement d'exquises recettes afin de rendre hommage à celui qui a été notre mentor à tous, le regretté Serge Bruyère.

Marie-Chantal Lepage
Chef des cuisines au Château Bonne Entente
et présidente de la Fondation Serge-Bruyère

L'HÉRITAGE
de Serge Bruyère

Dans les années 80, peu de restaurants québécois incarnaient autant la grande cuisine qu'À la Table de Serge Bruyère. On partait de Montréal pour s'y offrir le fin du fin en matière de gastronomie et souligner les événements importants. Logé dans le Vieux-Québec, au 1200 de la rue Saint-Jean, dans l'édifice historique Livernois qui datait de 1843, le célèbre établissement a vu défiler nombre de vedettes, de têtes couronnées et de politiciens. Plusieurs y avaient leurs habitudes, que ce soit à La Petite Table du 1er étage ou à La Grande Table, pour le repas du soir. Au tournant des années 90, Serge Bruyère et son associé Robert Bouchard créaient le Centre de gastronomie Livernois, ajoutant aux deux restaurants existants un traiteur, une épicerie fine-bistro et un salon de thé. On venait de New York, Boston, Los Angeles et Honolulu en jet privé pour manger À la Table de Serge Bruyère, surtout après que le *New York Times* en eut fait une des 10 merveilles canadiennes, *ex æquo* avec les Rocheuses et le Chinatown de Vancouver, et que les réputés magazines *Gourmet* et *Bon Appétit* lui eurent consacré des articles élogieux. L'agence de voyage américaine Pœ Travel l'avait même nommé «meilleur restaurant au monde» et le recommandait chaudement à ses clients.

Comme il l'admettait lui-même en entrevue à la radio de Radio-Canada, Serge Bruyère était stressé chaque fois qu'il entrait dans sa cuisine, se demandant s'il saurait réussir ses recettes et proposer quelque chose d'extraordinaire à sa clientèle ce soir-là. Ayant débuté dans le métier en Auvergne à l'âge de 14 ans, il disait toujours aux jeunes avec qui il travaillait que la profession de cuisinier devait être envisagée comme un véritable sacerdoce. La cuisine était toute sa vie et il nourrissait de grandes ambitions pour son restaurant. Ainsi, en 1980, À la Table de Serge Bruyère comptait 40 places, employait sept personnes et faisait un chiffre d'affaires annuel de 300 000 dollars. Treize ans plus tard, lorsque le fond de commerce a été vendu à la famille Barré, Serge Bruyère et son associé Robert Bouchard employaient 45 personnes à leur Grande Table seulement, dont la capacité avait doublé, et le chiffre d'affaires était passé à 2,5 millions de dollars. Tout le temps qu'ils ont eu leur restaurant, les deux partenaires ont su se maintenir au sommet. Les conditions de travail y étaient aussi réputées les meilleures au Québec pour les cuisiniers, qui avaient droit chaque jour à un repas d'avant service présenté dans de l'argenterie et sur une table soigneusement dressée par les soins du maître d'hôtel. Les jours moins occupés, Serge Bruyère se joignait à sa brigade.

UNE EXPÉRIENCE HORS DU COMMUN

De l'avis d'anciens habitués et des cuisiniers qui sont passés par cette grande maison, le tandem Serge Bruyère-Robert Bouchard mettait tout en œuvre pour offrir une expérience hors du commun à sa clientèle et lui donner envie d'y revenir. À la Table de Serge Bruyère fut, par exemple, le premier établissement au Québec à servir des mises en bouche avec l'apéro et des mignardises à la fin du repas. Les serviettes de table, la vaisselle, les verres, tout était frappé aux initiales de ce génial cuisinier. Le chef pâtissier Éric Harvey, qui a travaillé à ses côtés pendant six ans, se souvient d'un homme qui fredonnait souvent des chansonnettes françaises en travaillant et qui était aussi constamment sollicité en salle par ses clients. Un exercice auquel il se prêtait de bonne grâce, non sans pester à l'occasion contre les exigences du marketing, qui le tenaient trop souvent éloigné de ses fourneaux à son goût. C'était la rançon d'une gloire provoquée par une constante recherche d'excellence, jusque-là inégalée au Québec, voire en Amérique du Nord. Inspiré par le modernisme de ses maîtres français Paul Bocuse et les frères Troisgros, Serge Bruyère avait importé au Québec le concept de la nouvelle cuisine, dont les fondements reposaient sur la simplicité, la fraîcheur, une abondance de légumes et un allègement des sauces. De sorte qu'il se situait vraiment à l'avant-garde pour son époque.

Comme le rappelle son partenaire Robert Bouchard, « Serge voulait une cuisine épurée servie dans des assiettes blanches et sans dentelle, car à ses yeux, la simplicité symbolisait la perfection. » Mais cette simplicité reposait aussi sur des standards de qualité extrêmement élevés. « Il n'utilisait que les meilleurs produits, comme la mâche, les écrevisses, les asperges blanches, des cuisses de grenouille importées de France, le foie gras, des pleurotes gigantesques, et rien n'était trop beau ni trop luxueux pour ses cuisiniers ou sa clientèle » se souvient le chef Pierre Dulac, qui a travaillé avec lui de 1988 jusqu'à sa mort, en 1994. « Je n'ai pas eu d'autre maître ou source d'inspiration que Serge Bruyère, et sa photo figurera toujours à la place d'honneur dans mon bureau », ajoute-t-il, avec émotion. Daniel Vézina, du Laurie Raphaël, a été son sous-chef pendant près de trois ans, avant d'ouvrir son propre établissement, au début des années 90. « Serge disait toujours qu'un chef devait se faire plaisir et cuisiner avec son cœur plutôt qu'avec son portefeuille. Mais il avait aussi horreur du gaspillage, ce qui l'amenait à tenir une gestion rigoureuse de ses chambres froides, qui étaient impeccablement ordonnées. Il m'a transmis sa façon de faire et son obsession de la fraîcheur. » Avec Renaud Cyr, du Manoir des Érables, Serge Bruyère partageait une passion fiévreuse des produits frais. Ensemble, ces deux grands amis ont été les premiers chefs québécois à encourager la production de niche et l'achat local auprès des cuisiniers et des épicuriens. Avec le résultat qu'au début des années 90, À la table de Serge Bruyère pouvait se vanter d'utiliser 80 % de produits québécois.

LE NIRVANA PROFESSIONNEL DES JEUNES CUISINIERS

Parlant de sa brigade, Serge Bruyère attirait tous les jeunes diplômés en cuisine, pour qui travailler chez lui équivalait à atteindre le nirvana professionnel. « Quand on était passé par À la Table de Serge Bruyère, on était ensuite pris très au sérieux dans le monde de la restauration » confirment en chœur les chefs Éric Villain, du Café du clocher penché et Martin Côté, du Manoir Montmorency. Car peu de chefs, à l'époque, étaient aussi perfectionnistes et poussaient aussi loin le partage de connaissances culinaires. « Il passait un temps fou à nous montrer comment réussir un mets et recommençait patiemment sa démonstration tant qu'on ne maîtrisait pas parfaitement la technique », se rappelle Jean-François Girard, de l'Échaudé, qui fut l'un de ses plus enthousiastes apprentis et qui n'a pas oublié le chaud climat d'entraide et de camaraderie qu'il savait instaurer dans sa cuisine. À l'inverse, le patron ne tolérait ni l'incompétence ni le manque de minutie et une goutte de sauce oubliée sur le rebord d'une assiette l'exaspérait. « Il était d'une telle rigueur qu'il m'obligeait à sortir la fiche technique de sa célèbre mousseline de foies de volaille, même si j'avais fait la recette 300 fois et que je la connaissais plus que par cœur », affirme Marie-Chantal Lepage, aujourd'hui en charge de la brigade du Château Bonne Entente et présidente de la Fondation Serge-Bruyère. « Mais il était aussi très reconnaissant envers ses cuisiniers du soin qu'ils mettaient à leur travail et il les encourageait constamment, leur offrant même des bonus et des récompenses. »

Robert Bouchard rappelle que son associé tenait à ce que tous ses cuisiniers sans exception accumulent une expérience variée lors de leur passage sous son toit. « Serge voulait qu'ils soient bien outillés pour poursuivre leur carrière et il faisait l'impossible pour leur transmettre aussi une grande fierté par rapport à leur métier, qui était encore peu valorisé au Québec. » Inspiré par la tradition française du maître d'apprentissage dont il avait lui-même bénéficié lors de ses années de formation à Lyon, il prenait cette responsabilité de pédagogue très au sérieux. Ainsi, Yves Kervadec, qui a été le chef de partie de Serge Bruyère aux poissons pendant quelques années, avait été très touché que son patron lui suggère avec insistance d'aller tenter sa chance à New York. « Il voyait en moi un talent que je ne soupçonnais pas et il m'encourageait à en faire le meilleur usage possible en allant me faire connaître aux États-Unis, qui étaient encore à l'époque une terre à conquérir sur le plan gastronomique. Je n'ai jamais suivi son conseil, mais je sais qu'il m'aurait aidé, si j'avais choisi cette voie. »

Serge Bruyère, en avant-plan, avec sa brigade de À la Table de Serge Bruyère devant le célèbre édifice de la rue Saint-Jean.

UN LIVRE QUI MÊLE L'ORIGINAL ET SON INSPIRATION

C'est ainsi que, souvent pris comme modèle, le créateur d'À la Table de Serge Bruyère est devenu le mentor d'une foule de chefs qui continuent, 25 ans plus tard, d'honorer sa mémoire dans leur propre cuisine par leur souci constant du détail, leur poursuite de l'excellence, leur passion des produits authentiques et leur désir de contribuer à former une relève talentueuse et inspirée. Car Serge Bruyère a toujours été conscient de sa responsabilité et de l'obligatoire leadership qui venait avec son statut de star et de précurseur. C'est pourquoi il faisait paraître en 1984 aux Éditions La Presse un livre grand public, intitulé simplement À la Table de Serge Bruyère, qui a été un grand succès d'édition avec 10 000 exemplaires vendus.

Près d'un quart de siècle plus tard, nous avons pensé honorer la mémoire de cette grande toque et rappeler son apport immense à la fine cuisine québécoise en publiant de nouveau 60 de ses recettes les plus populaires. Nous avons ensuite invité 12 chefs qui ont travaillé à ses côtés ou aux côtés de ses chefs de partie à livrer leur propre interprétation de ces recettes, histoire de voir de quel côté la gastronomie d'aujourd'hui penche et en quoi le travail de Serge Bruyère continue de les inspirer.

Bon appétit!

Anne L. Desjardins

Auteure et journaliste spécialisée en alimentation et gastronomie, Le SOLEIL

Équivalences des mesures

MESURE **SYSTÈME MÉTRIQUE**	MESURE **SYSTÈME ANGLAIS**
Volumes	**Volumes**
1 ml	¼ c. à thé
2 ml ou 2,5 ml	½ c. à thé
5 ml	1 c. à thé
15 ml	1 c. à soupe
50 ml ou 60 ml	¼ tasse
75 ml ou 80 ml	⅓ tasse
125 ml	½ tasse
150 ml ou 160 ml	⅔ tasse
175 ml ou 180 ml	¾ tasse
250 ml	1 tasse
Poids	**Poids**
30 g	1 once
450 g ou 454 g ou 500 g	1 lb

SERGE BRUYÈRE

Ses recettes originales et revisitées

Terrine de langoustine

6 À 10 PORTIONS

300 g	de chair de truite	10 oz
225 g	de langoustines *(farce)*	8 oz
150 g	de langoustines *(décoration)*	5 oz
400 ml	de crème 35 %	1 2/3 tasse
15 ml	d'huile d'olive	1 c. à soupe
25 ml	de brandy	¾ oz

Faire chauffer l'huile d'olive dans une sauteuse. Y jeter 150 g (5 oz) de langoustines pour la décoration et faire revenir 1 ou 2 minutes. Déglacer avec le brandy, flamber et réserver.

Désosser les truites et passer la chair crue au mélangeur.

Décortiquer les langoustines pour la farce; enlever le petit boyau noir à l'intérieur. Passer la chair au mélangeur.

Mélanger les deux chairs et monter avec la crème au mélangeur à grande vitesse. Assaisonner au goût et réserver.

Décortiquer les langoustines pour la décoration sans oublier d'enlever le petit boyau.

Prendre un moule, le beurrer, mettre un papier paraffiné, le beurrer également et commencer à monter la terrine: une couche de farce, une de langoustines et le restant de la farce. Mettre à cuire au bain-marie 60 minutes à four moyen, 190 °C (375 °F).

Servir froid, en tranches, avec une sauce aigrelette.

Christophe Alary
École hôtelière de la Capitale

Enseignant à l'École hôtelière de la Capitale depuis 10 ans, animateur de l'émission *Les marmitons* et coauteur du livre *Du thé plein la toque*, ce jeune Périgourdin est arrivé au Québec en 1992, où il devient chef du Manoir de Tilly, avant de vivre pendant une année l'aventure de « l'après Serge Bruyère », en 1995. « La pression était énorme, car nous devions respecter la tradition d'excellence établie par Serge Bruyère de son vivant, avec sa passion des beaux produits et son dévouement à la clientèle. Heureusement que l'esprit d'équipe entre cuisiniers était très fort; ça nous aidait à supporter le stress. »

Rillettes de truite et langoustine aux pommes

4 PORTIONS

200 g	de filets de truite sans peau ni arêtes	7 oz
8	langoustines	
200 ml	de jus de pomme	7/8 tasse
1	citron	
30 ml	de vinaigre de cidre	2 c. à soupe
1	pomme	
100 ml	de crème à 35 %	3,5 oz
45 ml	d'huile de canola	3 c. à soupe
30 ml	de ciboulette émincée	2 c. à soupe
	sel et poivre, au goût	

Verser le jus de pomme dans une casserole, ajouter le zeste du citron et le vinaigre de cidre, assaisonner. Chauffer jusqu'à ébullition, y plonger les langoustines et cuire de 2 à 3 minutes sans faire bouillir. Retirer les langoustines et laisser refroidir.

Déposer la truite dans le même bouillon et la cuire 5 minutes sans faire bouillir. Retirer la truite, laisser refroidir.

Éplucher, puis couper la pomme en petits dés. Ajouter au bouillon et faire réduire le bouillon des deux tiers, sur feu vif. Verser la crème à 35 % et laisser réduire de moitié.

Décortiquer les langoustines, retirer la veine dorsale, puis émincer.

Défaire la chair de la truite à l'aide d'une fourchette en s'assurant qu'il ne reste pas d'arêtes.

Déposer la chair de la truite dans la réduction crémée. Ajouter la ciboulette et la chair de langoustine et bien mélanger. Ajouter l'huile de canola, la ciboulette et la chair de langoustine. Vérifier l'assaisonnement et réfrigérer.

Servir froid avec quelques tranches de pain grillé.

RECETTE ORIGINALE / Serge Bruyère

Foie de veau à la crème de carottes

3 PORTIONS

1	tranche de foie de veau 500 g	1 lb
500 g	de carottes	1 lb
100 ml	de crème 35 %	1/3 tasse
15 g	de beurre	¾ oz
	sel et poivre	

Éplucher les carottes, les couper en rondelles. Les mettre dans une casserole avec une noix de beurre. Laisser cuire 15 à 20 minutes à feu moyen.

Dans une sauteuse, mettre 15 g (¾ oz) de beurre et faire colorer le foie à feu vif 2 minutes de chaque côté. Saler et poivrer. Ensuite, continuer la cuisson au four préalablement chauffé à 190 °C (375 °F), pendant 5 à 7 minutes, en arrosant souvent le foie pour l'empêcher de sécher; il doit rester rosé.

Pendant ce temps, passer les carottes au mélangeur. Lorsque le foie est cuit, le réserver au chaud.

Jeter le beurre de cuisson et le remplacer par la crème, ajouter alors la purée de carottes. Mélanger et assaisonner le tout.

Découper le foie en fines tranches. Faire un lit de crème de carottes sur chaque assiette et dresser les tranches de foie.

Satés de foie de veau au tournesol,

coulis de carottes au cumin

4 PORTIONS

4	tranches de foie de veau de 100 g (3,5 oz) chacune	
60 ml	de graines de tournesol non salées, hachées	4 c. à soupe
15 ml	de romarin haché	1 c. à soupe
15 ml	d'huile de sésame (peut être remplacée par de l'huile d'olive)	1 c. à soupe
30 ml	d'huile végétale	2 c. à soupe
15 ml	de miel	1 c. à soupe
15 ml	de moutarde	1 c. à soupe
	sel et poivre, au goût	

COULIS DE CAROTTES

2	carottes	
200 ml	de jus d'orange	¾ tasse
5 ml	cumin moulu	1 c. à thé
45 ml	d'huile d'olive extra vierge	3 c. à soupe
	sel et poivre, au goût	

Tremper 16 piques à brochettes dans l'eau froide 30 minutes.

Couper chaque tranche de foie de veau en 4 lanières sur la longueur.

Enfiler les lanières de foie sur les piques à brochette.

Mélanger les graines de tournesol avec le romarin, l'huile de sésame, l'huile végétale, le miel et la moutarde.

Badigeonner les brochettes de foie avec cette marinade et laisser mariner 30 minutes.

Éplucher, puis couper les carottes en petites rondelles. Déposer dans une casserole, ajouter le jus d'orange, le cumin et assaisonner.

Cuire à frémissement 20 minutes.

Passer le tout au mélangeur en incorporant l'huile d'olive.

Griller les brochettes de foie 1 minute de chaque côté, assaisonner et servir aussitôt avec le coulis de carottes au cumin.

Accompagner d'un peu de boulgour ou de couscous.

— RECETTE ORIGINALE / Serge Bruyère

Noix de pétoncles au cresson

4 PORTIONS

600 g	de pétoncles	1 ¼ lb
1	paquet de cresson	
½	citron	
150 ml	de vin blanc sec	⅔ tasse
200 ml	de crème fraîche 35 %	¾ tasse
	sel et poivre	

Couper les queues du cresson à la base des feuilles. Laver celles-ci et cuire une minute dans l'eau bouillante bien salée. Égoutter le cresson et le passer au mélangeur pour obtenir une purée bien lisse.

Dans une casserole, verser le vin blanc avec du sel et du poivre et porter à ébullition. Ajouter les pétoncles et réserver au tiède.

Verser la crème et laisser réduire de moitié. On doit obtenir une sauce onctueuse, mais peu épaisse. Retirer du feu et incorporer le cresson en purée, remuer.

Ajouter les pétoncles pour les réchauffer. Verser quelques gouttes de citron pour donner un peu de caractère à votre sauce.

Servir dès que les pétoncles vous semblent assez chauds.

Minute de pétoncles en nage de cresson

4 PORTIONS

500 g	de pétoncles (format 20/30)	1 lb
60 ml	de beurre	4 c. à soupe

NAGE DE CRESSON

600 ml	d'eau	2 ⅓ tasses
45 ml	de thé vert à la menthe Nanah	3 c. à soupe
45 ml	d'huile de noisette	3 c. à soupe
1	botte de cresson, émincée	
	sel et poivre, au goût	

Retirer la base des tiges principales du cresson. Bien le laver.

Porter l'eau à ébullition, verser sur le thé vert et laisser infuser 4 minutes.

Passer au tamis.

Verser le thé dans une casserole, ajouter le cresson et laisser frémir à feu doux pendant 10 minutes.

Passer le tout au mélangeur en y incorporant l'huile de noisette. Passer au tamis et assaisonner.

Chauffer le beurre dans une poêle antiadhésive. Dès qu'il est bien mousseux, y saisir les pétoncles en les laissant blondir de chaque côté quelques secondes. Assaisonner.

Verser la nage dans des assiettes creuses et y déposer les pétoncles.

Croquettes de riz sauvage

6 PORTIONS

45 g	de jambon haché	1 ½ oz
60 g	de beurre	2 ½ oz
20 g	d'échalotes hachées	1 ½ c. à soupe
225 g	de riz sauvage cuit	8 oz
45 ml	de vin blanc	¼ tasse
225 ml	de sauce béchamel	1 tasse
1	œuf	
	persil haché	
	sel et poivre	
	farine, chapelure	

Après avoir fait revenir les échalotes dans le beurre, ajouter le jambon et le vin blanc et laisser réduire. Incorporer le riz cuit et faire sauter quelques instants, puis mélanger à la béchamel. Remettre sur le feu de 4 à 6 minutes, assaisonner et parsemer de persil haché.

Étaler la préparation sur une plaque rectangulaire. Laisser refroidir complètement, puis découper en carrés.

Passer les croquettes dans de la farine, l'œuf battu et de la chapelure. Dès que cette opération est terminée, les plonger dans un bain de friture chaude pendant cinq minutes.

Chou de Savoie farci au riz sauvage,

lait de maïs aux canneberges

4 PORTIONS

8	feuilles de chou de Savoie (les feuilles extérieures, bien vertes)	
100 g	de riz sauvage (trempé 3 heures dans l'eau froide)	3,5 oz
1 l	d'eau	4 tasses
½	courge spaghetti	
30 ml	de pignons de pin grillés	2 c. à soupe
100 g	de tranches de canard fumé	3,5 oz
30 ml	d'herbes salées	2 c. à soupe

LAIT DE MAÏS AUX CANNEBERGES

150 ml	de maïs en crème	¾ tasse
100 ml	de lait de soya	⅓ tasse
30 ml	de canneberges séchées	2 c. à soupe
	sel et poivre, au goût	

Blanchir les feuilles de chou 2 minutes à l'eau bouillante salée. Les refroidir aussitôt à l'eau froide. Éponger et réserver.

Déposer le riz sauvage dans une casserole, ajouter 1 l (4 tasses) d'eau et cuire 30 minutes. Égoutter et réserver.

Préchauffer le four à 180 °C (350 °F). Cuire la demi-courge 30 minutes. Retirer les graines, puis détacher la chair à l'aide d'une fourchette.

Émincer les tranches de canard fumé en petits lardons.

Dans un grand bol, déposer le riz sauvage cuit, la chair de courge, les pignons de pin grillés, le canard fumé et les herbes salées, assaisonner et bien mélanger.

Assécher les feuilles de chou sur un linge, retirer la partie charnue de la tige.

Garnir chaque feuille de farce, et refermer en baluchon ou en forme de rouleau.

Chauffer le lait de soya à feu moyen. Ajouter le maïs en crème, mijoter quelques minutes, puis passer au robot mélangeur. Assaisonner. Ajouter les canneberges séchées et garder au chaud.

Préchauffer le four à 150 °C (300 °F). Placer les feuilles de chou dans un plat graissé et les réchauffer au four 20 minutes. Servir avec le lait de maïs aux canneberges.

— RECETTE ORIGINALE / Serge Bruyère

Crêpes à la mandarine

4 PORTIONS

125 g	de farine	5 oz
250 ml	de lait	1 tasse
1	œuf	
25 g	de beurre	1 oz
25 g	de sucre	1 oz
1 pincée	de sel fin	
35 g	de sucre à glacer	1 ¼ oz
45 ml	de mandarine Napoléon	3 c. à soupe

La pâte

Dans un saladier, disposer la farine. Mettre au centre le sucre, le sel fin et l'œuf.

Mélanger le tout à l'aide d'un fouet, en incorporant petit à petit la farine pour obtenir une pâte parfaitement lisse. Ajouter le lait peu à peu en mélangeant bien. Passer à l'étamine.

Faire fondre le beurre dans une casserole et l'ajouter à la pâte. En terminant, adjoindre la mandarine Napoléon et bien mélanger. Mettre de côté.

Cuisson des crêpes

Mettre la poêle à chauffer et la graisser avec un peu d'huile.

À l'aide d'une petite louche, remuer la pâte pour bien la mélanger. La poêle étant chaude, mais sans excès, y verser un peu de pâte. Basculer légèrement la poêle dans tous les sens, pour bien répartir la pâte sur toute la surface. Ne pas laisser de trous et ne pas mettre trop de pâte, les crêpes doivent être minces.

Laisser dorer la première face. Au terme de cette première cuisson, retourner la crêpe à l'aide d'une spatule métallique. Laisser cuire la seconde face.

Disposer les crêpes, au fur et à mesure de leur cuisson, sur un plat de service, ou dresser les crêpes sur chaque assiette. Vous pouvez servir une sauce à l'orange aromatisée à la liqueur de mandarine.

Crêpes au lait de chèvre et poêlée de bleuets au sirop d'érable

4 PORTIONS

200 g	de farine tout usage	7 oz
1 pincée	de sel	
4	œufs	
300 ml	de lait de chèvre	1 ¼ tasse
15 ml	de beurre fondu	1 c. à soupe

POÊLÉE DE BLEUETS AU SIROP D'ÉRABLE

250 ml	de bleuets	1 tasse
100 ml	de sirop d'érable	3,5 oz
1	orange	

Dans un grand bol, tamiser la farine avec le sel, former un trou au milieu. Y casser les œufs, puis mélanger doucement avec un fouet en incorporant progressivement la farine. Lorsque le mélange épaissit, verser le lait délicatement tout en mélangeant, de façon à obtenir une pâte fluide et sans grumeaux. Ajouter le beurre fondu et laisser reposer 1 heure.

Cuire les crêpes en s'assurant de les garder assez fines.

Bien laver et assécher l'orange. En prélever les zestes, puis la presser pour obtenir son jus.

Dans une poêle, verser le sirop d'érable avec le jus d'orange et les zestes. Porter à ébullition et laisser réduire de moitié. Ajouter les bleuets et cuire une minute.

Servir aussitôt avec les crêpes chaudes et une boule de crème glacée.

— RECETTE ORIGINALE / Serge Bruyère

Petits croûtons aux olives noires

500 g	d'olives noires	1 lb
1	gousse d'ail	
80 g	de filets d'anchois à l'huile	3 ½ oz
	pain baguette	
45 ml	d'huile d'olive	3 c. à soupe
	poivre fraîchement moulu	

Dénoyauter les olives, les mettre dans le mélangeur avec les anchois, la gousse d'ail pelée et écrasée, l'huile d'olive et quelques tours de moulin à poivre.

Laisser tourner 4 à 5 minutes.

Réserver cette préparation dans un bocal pendant plusieurs semaines, recouverte d'une fine pellicule d'huile d'olive.

Tartiner généreusement de fines tranches de pain préalablement rôties au four.

Martin Côté
Manoir Montmorency

À 32 ans, il est chef des cuisines du Manoir Montmorency et enseignant à l'École hôtelière de la Capitale. Martin Côté a aussi été le dernier apprenti de Serge Bruyère et des aînés de sa brigade, de février 93 au printemps 96. « Serge était à la fois extrêmement exigeant et toujours très reconnaissant de chaque bon coup de ses cuisiniers. Il m'a vraiment tout appris: du dévouement total au client jusqu'au travail du foie gras, des poissons ou du gibier, en passant par un respect absolu du métier. Après son départ, ce sont les membres de sa brigade qui se sont chargés de m'encadrer pour parfaire ma formation dans le même esprit de solidarité et de perfectionnisme. »

Petits croûtons aux olives noires, tomates séchées et basilic

8 À 12 PORTIONS

100 g	de tomates séchées	3,5 oz
400 g	d'olives noires de Kalamata dénoyautées	14 oz
1	gousse d'ail	
80 g	de filets d'anchois	4 c. à soupe
½	botte de basilic frais	
45 ml	d'huile d'olive extra-vierge	3 c. à soupe
10 g	de pignons de pin grillés	2 c. à thé
1	baguette	
	poivre du moulin, au goût	

Réhydrater les tomates séchées dans de l'eau tiède une quinzaine de minutes. Égoutter et éponger. Au robot culinaire, mélanger les olives, la gousse d'ail, les filets d'anchois, le basilic, les pignons de pin, l'huile d'olive et les tomates séchées pour obtenir une purée de consistance assez fine. Poivrer au goût.

Préchauffer le four à 180 °C (350 °F). Couper la baguette en fines tranches et griller quelques minutes au four. Répartir la purée d'olives aux tomates séchées sur chacune.

Servir ces croûtons accompagnés de votre salade préférée ou comme hors-d'œuvre.

Filet de bœuf au poivre vert

2 PORTIONS

2	morceaux de filet de bœuf de 200 g (7 oz)	
20 g	de beurre	1 oz
½	tomate fraîche, pelée, épépinée, puis concassée	
100 ml	de crème 35 %	⅓ tasse
50 ml	de vin blanc	¼ tasse
15	grains de poivre vert lavés	
	sel	

Dans une poêle, mettre le beurre à chauffer. Faire cuire les filets sur feu vif en les retournant à mi-cuisson, pour qu'ils soient saignants de préférence. Les réserver sur une assiette chaude et les saler. (Le temps de cuisson dépend du degré de cuisson désiré.)

Jeter le beurre de cuisson contenu dans la poêle, déglacer avec le vin blanc, puis réduire à sec (voir note). Ajouter alors la crème, la tomate et le poivre vert. Faire bouillir le tout en laissant épaissir.

Napper de sauce vos filets de bœuf et servir aussitôt.

Note: réduire à sec, c'est-à-dire jusqu'à évaporation presque complète du liquide.

Mignon de bœuf et fricassée de champignons

au brandy et poivre vert

2 PORTIONS

400 g	de filet de bœuf (2 morceaux égaux)	14 oz
15 ml	d'huile d'olive	1 c. à soupe
50 g	de pleurotes émincés	1,5 oz
50 g	de shiitake émincés	1,5 oz
1	gousse d'ail	
1	échalote sèche, hachée	
45 ml	de brandy	3 c. à soupe
100 ml	de fond de veau	⅓ tasse
15	grains de poivre vert	
	sel et poivre, au goût	

Dans une poêle, faire chauffer l'huile d'olive et saisir les filets de bœuf de chaque côté.

Réserver sur une plaque allant au four. Chauffer le four à 185 °C (375 °F).

Retirer l'excédent de gras de la poêle et y sauter les champignons, l'ail et l'échalote à feu vif. Déglacer avec le brandy et laisser réduire à sec. Mouiller avec le fond de veau et ajouter le poivre vert. Laisser réduire de nouveau sur feu moyen-vif jusqu'à la consistance voulue. Saler et poivrer au goût.

Entre-temps, terminer la cuisson des filets de bœuf au four selon le degré de cuisson désiré.

Servir les filets de bœuf accompagnés de la fricassée de champignons et nappés de sauce au brandy et poivre vert.

RECETTE ORIGINALE / Serge Bruyère

Noix de Saint-Jacques au poireau

4 PORTIONS

1	petit poireau	
20	gros pétoncles	
300 ml	de vin blanc	1 ¼ tasse
¼ l	de crème 35 %	1 tasse
1	échalote hachée	
	sel et poivre	

Émincer finement le poireau. Dans une casserole, mettre une noix de beurre, ajouter le poireau, couvrir et le faire cuire à l'étuvée doucement pendant 2 ou 3 minutes. Couper les pétoncles en deux, dans le sens de l'épaisseur.

Dans une sauteuse, mettre le vin blanc à bouillir avec l'échalote hachée, saler et poivrer. Ajouter la moitié des pétoncles et les y laisser à peine deux minutes, puis les retirer. Recommencer cette opération pour l'autre moitié. Réserver dans une assiette.

Ajouter la crème au jus de cuisson, laisser réduire jusqu'à l'obtention d'une sauce onctueuse. Mettre les poireaux émincés et les pétoncles. Bien mélanger et servir aussitôt dans quatre assiettes tièdes.

Poêlée de Saint-Jacques et fondue de poireau à la coriandre,

jus parfumé à l'anis étoilé

4 PORTIONS

20 ml	d'huile d'olive, divisée	4 c. à thé
20	gros pétoncles	
1	échalote sèche hachée	
250 ml	de vin blanc sec	1 tasse
2	anis étoilés	
160 ml	de crème à 35 %	⅔ tasse
	sel et poivre, au goût	
300 g	de poireau émincé (partie blanche)	10,5 oz
5 g	de coriandre fraîche	1 c. à thé

Dans une poêle à feu vif, faire chauffer la moitié de l'huile d'olive. Y colorer les pétoncles de chaque côté. Saler et poivrer, puis réserver.

Dans la même poêle où il reste un peu d'huile, faire suer l'échalote à feu doux. Déglacer avec le vin blanc et ajouter l'anis étoilé.

Laisser réduire aux trois quarts. Ajouter la crème et laisser réduire de nouveau jusqu'à la consistance désirée. Saler et poivrer au goût et réserver.

Dans une autre poêle, ajouter le reste de l'huile d'olive et y faire suer le poireau jusqu'à ce qu'il soit presque cuit. Ajouter la coriandre, puis saler et poivrer.

Déposer la fondue de poireau au centre de chaque assiette, placer les pétoncles sur le dessus et arroser de sauce à l'anis étoilé.

Gratin de pommes de terre

6 PORTIONS

1 kg	de pommes de terre	2 lb 3 oz
250 ml	de lait	1 tasse
250 ml	de crème 35 %	1 tasse
½	gousse d'ail hachée très fin	
	sel et poivre	

Éplucher les pommes de terre et les laver.

Faire bouillir le lait et la crème avec le sel, le poivre et l'ail haché. Couper les pommes de terre en rondelles minces. Ne pas les relaver. Les mettre dans un plat à gratin beurré. Ajouter le liquide bouillant, mélanger le tout.

Cuire au four chaud, 190 °C (375 °F), pendant 35 à 45 minutes.

Servir dès la sortie du four.

Gratin de patates douces au fromage de chèvre

6 PORTIONS

250 ml	de lait	1 tasse
250 ml	de crème à cuisson à 15 %	1 tasse
1	gousse d'ail	
1 kg	de patates douces en fines tranches	2,2 lb
100 g	de fromage de chèvre des neiges	3,5 oz
	sel et poivre, au goût	

Mélanger le lait, la crème et l'ail. Saler et poivrer.

Ajouter les patates douces et mélanger délicatement. Préchauffer le four à 180 °C (350 °F).

Disposer les patates douces dans un plat graissé allant au four, puis verser le mélange de crème dessus.

Émietter le fromage de chèvre sur le gratin. Recouvrir d'un papier d'aluminium, en prenant soin de ne pas toucher les ingrédients.

Cuire pendant environ 2 heures ou jusqu'à ce que les patates douces soient bien cuites.

Marmelade d'agrumes

Cette recette, je la tiens de Lorraine. C'est ma confiture préférée le matin.

3	citrons	
3	pamplemousses	
6	oranges	
2 kg 250 g	de sucre	4 lb 14 oz
2 kg 250 g	de sirop de maïs	4 lb 14 oz
4 l	d'eau	3½ pintes

Laver les fruits, les trancher très minces et les laisser tremper 24 heures dans l'eau.

Porter à ébullition, à découvert, et laisser bouillir jusqu'à ce que l'eau se soit presque toute évaporée, c'est-à-dire pendant environ 2 h 30. Il ne doit rester qu'un mélange de fruits épais.

Ajouter le sucre et le sirop de maïs. Continuer la cuisson toujours à découvert en écumant au besoin. Laisser cuire pendant une heure. Mettre à refroidir, remplir les bocaux et garder au frais.

Note: pour conserver les pots dont vous ne vous servez pas immédiatement, couvrir la marmelade d'une couche de vinaigre blanc; aucun goût ne se remarquera lors de l'utilisation.

Marmelade aux fruits exotiques

2	citrons	
2	pamplemousses	
5	oranges	
20	litchis frais, écalés et dénoyautés	
1	mangue	
250 g	de sucre	1 tasse
250 g	de sirop de maïs	1 tasse
250 ml	d'eau	1 tasse

Laver les citrons, les pamplemousses et les oranges. Les trancher très finement et les laisser tremper 24 heures dans l'eau.

Trancher les litchis et la mangue très finement. Porter l'eau remplie d'agrumes à ébullition, puis y plonger les litchis et la mangue.

Cuire à découvert, à feu moyen, en remuant fréquemment et en laissant bouillir, jusqu'à ce que l'eau soit presque toute évaporée. Il ne doit rester qu'un mélange épais de fruits. Ajouter le sucre et le sirop de maïs. Continuer la cuisson à découvert pendant une heure, en écumant au besoin. Laisser refroidir, mettre dans des bocaux stérilisés et conserver au frais.

Petite mousseline de volaille

6 PORTIONS

250 g	de foie de volaille	9 oz
4	œufs entiers	
250 ml	de crème 35 %	1 tasse
250 ml	de lait	1 tasse
	sel et poivre	
30 ml	de madère	2 c. à soupe

Coulis de tomate

1 kg	de tomates	2 lb 3 oz
1	petit poireau	
1	petit oignon	
2	gousses d'ail	
150 ml	de crème 35 %	⅔ tasse
	sel et poivre	
50 ml	de fond de volaille	¼ tasse

Nettoyer le foie et le mettre dans le mélangeur. Incorporer les œufs, puis la crème et le lait. Cette opération doit se faire très vite pour éviter que la préparation ne se réchauffe. Saler, poivrer et incorporer le madère. Passer au tamis.

Beurrer un moule et vider la préparation dans celui-ci. Cuire au bain-marie à four moyen, 190 °C (375 °F), pendant 1 h 30.

Pendant ce temps, préparer le coulis de tomate. Laver et émincer les légumes. Enlever la peau des tomates en les mettant quelques minutes dans l'eau bouillante, les couper en deux, les épépiner et les concasser.

Dans une casserole, verser la crème, ajouter le poireau, le céleri et l'oignon émincés et l'ail écrasé. Faire cuire 10 minutes à couvert à feu moyen.

Ajouter les tomates. Laisser cuire 15 minutes à partir de la première ébullition. Passer au mélangeur et ensuite à l'étamine. Ajouter le fond de volaille. Assaisonner au goût.

Napper le fond de l'assiette, démouler la mousseline et la placer au centre. Servir aussitôt.

Pierre Dulac
CFP André-Morissette

Aujourd'hui enseignant en cuisine au Centre de formation professionnelle André-Morissette, de Plessisville, il est entré au service de Serge Bruyère à 19 ans, en 1988, et il a quitté peu de temps après sa mort, en 1994. « Il a été comme un père pour moi, et si l'ambiance était stricte, elle était aussi chaleureuse et l'esprit d'équipe était très fort, car nous étions vraiment bien traités, malgré un grand stress dû à la réputation de l'entreprise. » Encore touché par le dévouement de Serge Bruyère par rapport aux jeunes cuisiniers qu'il formait, Pierre Dulac estime avoir appris de lui la justesse, la rigueur et l'importance de respecter l'intégrité du produit.

Mousseline de foies blonds de volaille à la crème

POUR 1 PETITE TERRINE OU 2 DOUZAINES DE CANAPÉS

200 g	de foies de volaille	7 oz
1 l	de lait à 3,25 %	4 tasses
15 ml	de beurre	1 c. à soupe
2	échalotes sèches, hachées	
250 ml	de bouillon de volaille bien corsé	1 tasse
100 ml	de cognac	6 c. à soupe
	sel et poivre blanc, au goût	
	fines herbes, au goût	
	fleurs comestibles pour décorer	

Parer les foies et les laisser reposer dans le lait, au réfrigérateur, une nuit. Mettre ensuite dans un chaudron avec le lait et amener à ébullition.

Retirer les foies du lait, les éponger avec un essuie-tout et les faire sauter dans une poêle avec le beurre et les échalotes sèches jusqu'à légère coloration. Déglacer avec le cognac et mouiller avec le bouillon de poulet. Amener à ébullition.

Retirer du feu, puis passer au mélangeur jusqu'à consistance crémeuse.

Plonger ensuite la casserole dans un bain de glace en fouettant à la cuillère jusqu'à refroidissement complet.

Verser la préparation dans une terrine ou dans une poche à douille pour dresser des canapés.

Décorer de fines herbes et de fleurs comestibles. Cette mousseline s'accompagne très bien de compotée d'oignons Cippolini.

Entrecôte à la moutarde de Meaux

2 PORTIONS

La moutarde de Meaux est cette moutarde que l'on fait avec du vinaigre, des graines de moutarde et du vin blanc. Elle est en vente ici dans des pots de grès et nous la trouvons dans les épiceries spécialisées.

25 g	de beurre	1 ¾ c. à soupe
2	entrecôtes de 200 g (8 oz) chacune	
15 ml	de moutarde de Meaux	1 c. à soupe
50 ml	de vin blanc	¼ tasse
100 ml	de crème 35 %	½ tasse
	sel et poivre fraîchement moulu	

Dans une sauteuse, faire fondre le beurre à vif. Lorsqu'il est très chaud, placer vos entrecôtes et laisser cuire 3 minutes de chaque côté. Si vous les préférez bien cuites, les laisser plus longtemps.

Les enlever, déglacer au vin blanc, incorporer la moutarde et la crème. Laisser cuire quelques instants, jusqu'à ce que la sauce devienne onctueuse.

Dresser les entrecôtes sur un plat de service, napper de sauce et servir aussitôt.

Étagé d'entrecôte sur tombée d'artichaut

et chorizo à la meringue de moutarde de Meaux

2 PORTIONS

2	saucisses chorizos	
30 g	de beurre	2 c. à soupe
1	petite boîte (170 ml) d'artichauts égouttés et rincés	
5 g	d'ail haché	1 c. à thé
15 ml	d'échalote sèche, hachée	1 c. à soupe
	sel et poivre, au goût	
125 ml	de fond de veau	½ tasse
2	blancs d'œufs	
5 ml	de moutarde de Meaux	1 c. à thé
30 ml	d'huile de tournesol	2 c. à soupe
1	entrecôte de 350 g (12 onces)	

Pocher les chorizos 10 minutes à l'eau frémissante et les couper en rondelles.

Dans une poêle, faire fondre le beurre et y suer les artichauts, les chorizos, l'ail et l'échalote de 5 à 7 minutes ou jusqu'à ce que les échalotes aient bien ramolli.

Ajouter le sel, le poivre et le fond de veau.

Monter les blancs d'œufs en neige très ferme, ajouter la moutarde et réserver.

Faire chauffer une poêle à feu vif. Ajouter l'huile et cuire l'entrecôte à la cuisson désirée.

Laisser reposer la viande 2 à 3 minutes, puis la couper en fines lamelles.

Préchauffer le four à « Broil » Dresser en étages sur des assiettes allant au four à l'aide de cerceaux métalliques. Placer d'abord le mélange d'artichauts dans le fond de l'assiette, puis les lamelles d'entrecôte et terminer avec la meringue.

Cuire sous le gril quelques minutes ou jusqu'à ce que la meringue soit cuite. Démouler le cerceau au centre des assiettes de service. Garnir de légumes et de pommes de terre rissolées.

Poisson au beurre blanc

6 PORTIONS

J'ai préparé cette recette pour les amateurs de pêche, lorsqu'ils reviennent d'une excursion avec un gros poisson!

1	poisson de 2 ½ à 3 kg (5 à 6 lb)
2 à 3	citrons historiés (coupés en dents de loup)
	persil
	fumet de poisson

Vider et parer le poisson pour la cuisson. Dans une grande marmite, amener le fumet à ébullition, y plonger le poisson et faire cuire environ 15 à 20 minutes, à partir du moment où le fumet recommence à mijoter doucement. Retirer du feu et laisser tiédir dans le jus de cuisson.

Vous pouvez également le faire griller au four.

Présenter le poisson dans un plat ovale, garni de persil et de quelques citrons, accompagné de la sauce suivante:

La sauce

200 ml	de vinaigre blanc	¾ tasse
15 ml	de poivre blanc concassé (écrasé en petits morceaux)	1 c. à soupe
3	échalotes grises hachées (françaises)	
600 g	de beurre très froid coupé en petits morceaux	1 ¼ lb
	sel	
	jus de citron	

Dans une petite casserole, mettre les échalotes, le poivre, le sel et le vinaigre. Faire réduire jusqu'à évaporation presque complète sur le feu vif. Puis, sur feu modéré, ajouter le beurre par morceaux en battant sans arrêt et en ajoutant continuellement du beurre à mesure qu'il fond. Procéder rapidement, sans cesser de battre au fouet jusqu'à ce que tout le beurre soit fondu. Cette sauce sera mousseuse. Rectifier l'assaisonnement, mettre un filet de jus de citron et servir en saucière.

Mœlleux de truite mouchetée au fenouil confit et chocolat blanc

4 PORTIONS

4	filets de truite, parés	
1	bulbe de fenouil	
500 ml	de fumet de poisson ou eau bouillante	2 tasses
100 g	de sucre blanc	3,5 oz
100 ml	d'eau	⅓ tasse
100 g	de chocolat blanc	3,5 oz
250 ml	de vin blanc sec	1 tasse
250 ml	de crème à cuisson à 15%	1 tasse
2	échalotes sèches, hachées	
4	brindilles de fenouil pour garnir	

Placer les filets de truite entre deux feuilles de pellicule plastique et les aplatir avec un maillet ou un rouleau à pâte pour en faire des escalopes. Réserver au froid.

Trancher le bulbe de fenouil en deux, retirer le cœur et tailler en bâtonnets. Mettre le fenouil avec le sucre et l'eau dans une casserole et cuire doucement à découvert jusqu'à caramélisation. Laisser refroidir.

Humecter le plan de travail avec un peu d'eau. Disposer un carré de pellicule plastique et placer l'escalope de truite au centre. Étaler du fenouil confit au milieu de l'escalope, puis replier les deux côtés vers le centre, rouler le tout bien serré pour en faire un cylindre et attacher les deux bouts. Répéter l'opération avec les trois autres escalopes.

Faire pocher 2 minutes dans du fumet de poisson ou de l'eau bouillante frémissante. Laisser refroidir. Dérouler la pellicule plastique, puis couper en biseau.

Pour la sauce, faire réduire presqu'à sec les échalotes sèches avec le vin blanc, additionner de crème et ajouter le chocolat blanc. Porter à ébullition à feu moyen, mélanger pour fondre le chocolat, puis réserver.

Pour servir, placer un peu de sauce au fond de chaque assiette, puis disposer sur chacune deux morceaux d'escalope de truite. Servir avec du riz et garnir d'une brindille de fenouil.

— RECETTE ORIGINALE / Serge Bruyère

Confiture d'oignons au cassis

700 g	d'oignons de couleur rougeâtre	1 ½ lb
100 g	de beurre	4 oz
150 g	de sucre	5 oz
	sel et poivre	
100 ml	de vinaigre de vin	⅓ tasse
40 ml	de cassis en sirop	3 c. à soupe
200 ml	de vin rouge	¾ tasse

Éplucher et couper les oignons en fines rondelles.

Dans une casserole, faire fondre les 100 grammes de beurre, y mettre les oignons, saler, poivrer et saupoudrer de sucre. Mettre un couvercle.

Laisser cuire doucement une demi-heure à feu doux, en remuant de temps en temps.

Ensuite, ajouter le vinaigre, le cassis et le vin rouge. Laisser cuire de nouveau 30 minutes à découvert, en remuant toujours de temps en temps.

Retirer du feu dès que vous pensez que les oignons sont assez confits.

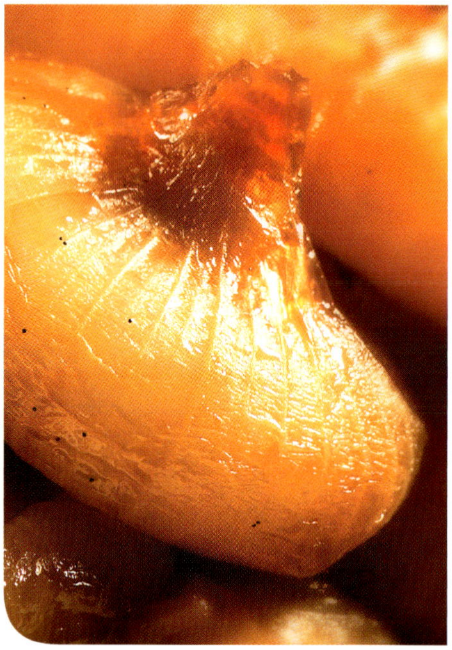

Compotée d'oignons Cipollini au caramel de vinaigre balsamique

2 À 3 POTS « MASON » DE TAILLE MOYENNE

300 g	de sucre blanc	10,5 oz
100 ml	d'eau	⅓ tasse
125 ml	de vinaigre balsamique	½ tasse
100 ml	de porto	⅓ tasse
1 kg	d'oignons Cipollini blanchis 10 minutes, puis refroidis et épluchés	2,2 lb
30 ml	de beurre	2 c. à soupe
½	gousse de vanille fraîche, fendue et grattée	

Dans un grand chaudron, mettre le sucre et l'eau, amener à ébullition et cuire de 3 à 5 minutes, assez pour faire un caramel blond. Ajouter le vinaigre balsamique, le porto et incorporer les oignons Cipollini.

Cuire 15 minutes à feu moyen, à découvert, puis retirer du feu. Ajouter le beurre et la vanille.

Se conserve environ un mois au réfrigérateur dans un contenant hermétiquement fermé. Servir avec viande, gibier ou pâté de foie.

Crème renversée au caramel

8 PORTIONS

1 l	de lait	4 tasses
6	œufs	
200 g	de sucre	7 oz
1	gousse de vanille	

Caramel

200 g	de sucre	7 oz
60 ml	d'eau	4 c. à soupe

Dans une sauteuse, mettre 200 g (7 oz) de sucre et l'eau. Faire fondre le sucre jusqu'au moment où il prend une couleur blond foncé. Aussitôt prêt, verser le caramel dans le fond des moules (soit 1 grand, soit 8 petits). Laisser refroidir.

Dans une sauteuse, mettre le lait à bouillir. Ajouter la gousse de vanille fendue en deux.

Dans un bol en acier, casser les œufs et ajouter 200 g (7 oz) de sucre. À l'aide d'un petit fouet métallique, mélanger le tout. Verser le lait bouilli et continuer à mélanger. Passer la crème à l'étamine. Remplir des petits moules à soufflé de crème. Sur le fond d'un plat allant au four, mettre un morceau de papier journal de même taille que le plat. Ce papier empêche l'eau de cuisson de rejaillir dans les moules au moment de l'ébullition.

Mettre les moules dans le plat. Ajouter de l'eau bouillante à mi-hauteur des moules.

Enfourner et laisser cuire 30 à 35 minutes dans un four préchauffé à 190 °C (375 °F). Au terme de la cuisson, retirer du four et laisser refroidir entièrement la crème avant de démouler.

Dès qu'elle est froide, démouler délicatement sur des plats ronds, en glissant la lame d'un petit couteau sur les parois intérieures des moules.

Crème renversée à l'érable

10 À 15 PORTIONS

500 ml	de lait	2 tasses
500 ml	de crème à cuisson à 35 %	2 tasses
6	œufs, le blanc et le jaune séparés	
100 g	de sucre à glacer	3,5 oz
100 g	de sucre d'érable tamisé	3,5 oz

CARAMEL ÉCOSSAIS

60 ml	d'eau	4 c. à soupe
200 g	de sucre blanc	7 oz
15 ml	de beurre salé	1 c. à soupe
15 ml	de rhum brun	1 c. à soupe

MÉTHODE POUR LE CARAMEL ÉCOSSAIS

Dans un chaudron à fond épais, cuire le sucre et l'eau à feu moyen jusqu'à coloration ambrée. Incorporer le beurre, puis le rhum. Répartir dans les ramequins.

MÉTHODE POUR L'APPAREIL AUX ŒUFS

Préchauffer le four à 180 °C (350 °F).

Chauffer le lait avec la crème et le sucre à glacer à feu moyen-doux jusqu'à dissolution complète du sucre. Ne pas faire bouillir. Au mélangeur, blanchir les jaunes d'œufs avec le sucre d'érable. Verser doucement le mélange de lait et de crème sur les jaunes d'œufs sans cesser de fouetter, jusqu'à ce que l'appareil soit complètement refroidi.

Monter les blancs d'œufs jusqu'à l'obtention de pics fermes, puis les plier délicatement dans le mélange de jaunes d'œufs avec une spatule préalablement refroidie.

Verser dans les ramequins sur le caramel jusqu'aux trois quarts. Placer les ramequins dans une grande lèchefrite remplie d'eau à moitié et cuire 30 minutes au bain-marie.

Laisser reposer, puis démouler sur une assiette et garnir de Chantilly et de petits fruits.

RECETTE ORIGINALE / Serge Bruyère

Flan de crabe au brocoli

4 PORTIONS

200 g	de crabe (1 boîte)	7 oz
375 ml	de crème 35 %	1 2/3 tasse
3	œufs	
225 g	de brocoli	8 oz
	sel et poivre	

Faire cuire le brocoli 5 minutes dans l'eau bouillante.

Beurrer 6 petits moules et y déposer le brocoli, la tige en l'air. Partager le crabe dans les moules.

Dans un bol, mélanger les 3 œufs et la crème, saler et poivrer. Verser l'appareil dans les moules.

Cuire au bain-marie 40 minutes dans un four à 200 °C (400 °F).

Démouler et servir chaud avec un beurre blanc.

Jean-François Girard
L'Échaudé

Aujourd'hui chef à l'Échaudé, il a travaillé six ans au Laurie Raphaël aux côtés de Daniel Vézina, qu'il avait d'abord côtoyé au restaurant À la Table de Serge Bruyère, de 1990 à 1993. « Je faisais mon cours de cuisine à Wilbrod-Behrer le jour, et le soir, je courais chez Serge Bruyère prendre mon service au garde-manger. » Jean-François Girard retient surtout l'ardeur au travail, le dévouement et la minutie de Serge Bruyère. « C'est lui qui m'a transmis l'amour du travail de chef et le sens des responsabilités qui vient avec. Il était toujours là, il veillait à tout, autant en cuisine qu'en gestion. »

Crabe à l'aneth et guacamole

4 PORTIONS

400 g	de chair de crabe des neiges	14 oz
45 ml	d'aneth émincé	3 c. à soupe
125 ml	de crème sûre	½ tasse
2	avocats mûrs	
1	citron, le jus seulement	
45 ml	d'oignon rouge haché	3 c. à soupe
1	petit poivron rouge taillé en brunoise	
	quelques gouttes de sauce Tabasco (au goût)	
30 ml	de coriandre fraîche hachée	2 c. à soupe
	sel et poivre, au goût	

Mélanger la chair de crabe avec l'aneth émincé et la crème sûre, puis mettre de côté.

Écraser à la fourchette la chair d'avocat avec le jus de citron, l'oignon et le poivron et ajouter le poivre noir moulu, le sel, la sauce Tabasco et la coriandre.

Dresser à l'emporte-pièce le guacamole en premier et déposer le mélange de crabe par-dessus.

Accompagner de croûtons fins.

Noisettes d'agneau à la moutarde

2 PORTIONS

2	carrés d'agneau	
35 g	de beurre	1 oz
2 ml	de moutarde de Dijon	1 c. à café
50 ml	de demi-glace	1 ¾ oz
30 ml	de crème 35 %	2 c. à soupe
50 ml	de vin blanc	1 ¾ oz

Désosser les carrés d'agneau. Préparer des noisettes, c'est-à-dire couper 6 morceaux égaux dans chaque carré.

Dans une sauteuse, faire fondre le beurre. Lorsqu'il est très chaud, déposer les noisettes et faire cuire 2 minutes sur chaque face. Réserver au chaud dans une assiette. L'agneau doit être rosé à l'intérieur.

Jeter l'excédent de gras, déglacer avec 1 ¾ oz de vin blanc, mettre la moutarde de Dijon et la demi-glace. Laisser bouillir et incorporer au dernier moment la crème 35 %. Compléter l'assaisonnement s'il y a lieu.

Dresser les noisettes sur deux assiettes et napper de sauce. Servir aussitôt.

«Mix grill» d'agneau aux champignons

et son jus au cumin et poivrons rouges

4 PORTIONS

200 g	d'agneau en cubes	7 oz
1	carré d'agneau	
3	échalotes sèches, hachées finement	
½	poivron rouge	
250 ml	de fond d'agneau	1 tasse
125 ml	de vin blanc sec	½ tasse
5 ml	de graines de cumin	1 c. a thé
1	tête d'ail complète	
200 g	de mélange de pleurotes et chanterelles	1 tasse
30 ml	de beurre, divisé	2 c. à soupe
4	saucisses merguez	

Mettre les cubes d'agneau sur des brochettes de bois préalablement trempées 30 minutes dans l'eau froide.

Tailler le carré en quatre portions égales.

Faire revenir les échalotes et le poivron taillé en cubes dans la moitié du beurre.

Ajouter le fond d'agneau, les graines de cumin et le vin blanc, cuire 15 minutes à feu moyen. Passer au mélangeur, puis à la passoire, pour obtenir une sauce lisse.

Poêler les champignons avec l'ail et le reste du beurre. Réserver.

Placer d'abord les saucisses sur le gril. Quand elles sont presque cuites, ajouter les brochettes et les côtelettes. Cuire quelques minutes pour une cuisson rosée.

Accompagner avec un risotto, des pâtes ou une salade.

RECETTE ORIGINALE / Serge Bruyère

Assiette gaspésienne sauce citron

4 PORTIONS

500 g	de lotte	1 lb
500 g	de filets de sole	1 lb
2	homards de 500 g (1 lb)	
12	pétoncles	
1	carotte coupée en julienne (petits bâtonnets)	
½	concombre coupé en julienne	
1	citron	
250 ml	de fumet de poisson	1 tasse
1	échalote hachée	
125 ml	de crème 35 %	½ tasse

Mettre 2 litres (2 pintes) d'eau dans un couscoussier ou une cocotte pression, saler et amener à ébullition. Mettre les 2 homards dans le fond de la cocotte, et laisser cuire 5 minutes. Les retirer et réserver au chaud.

Dans une marguerite, étendre la julienne de carotte et concombre par-dessus la lotte tranchée très mince, les filets de sole et le zeste d'un citron préalablement blanchi. Faire cuire pendant 10 minutes sur le feu vif, au-dessus de la cocotte qui a servi à cuire les homards.

Dans une sauteuse, mettre le fumet de poisson et l'échalote hachée, puis y bouillir les pétoncles pendant 2 minutes.

Les retirer et les réserver. Réduire le liquide de moitié, incorporer la crème, puis faire mijoter pendant une dizaine de minutes. Ajouter le jus de citron.

Disposer dans chaque assiette un demi-homard, une pince décortiquée, les pétoncles, le poisson, les petits légumes et napper avec la sauce. Vous pouvez servir avec des feuilles d'épinard au beurre.

Nage de homard et de poissons

4 PORTIONS

1	homard décortiqué	
4	pétoncles	
100 g	de lotte en filet	3,5 oz
100 g	de morue	3,5 oz
300 g	de moules	10,5 oz
100 g	de turbot	3,5 oz
100 g	de truite	3,5 oz
100 g	de sébaste	3,5 oz
100 g	de saumon fumé	3,5 oz
100 g	de crevettes nordiques	3,5 oz
250 ml	de vin blanc sec	1 tasse
2	oignons émincés, séparés	
2	grosses carottes taillées en julienne	
2	anis étoilés	
30 ml	d'huile d'olive	2 c. à soupe
1	fenouil émincé	
2	blancs de poireau taillés en julienne	
1	branche de céleri	
1 l	de bouillon de homard	4 tasses
300 ml	de fumet de poisson	⅔ tasse
15 ml	d'ail haché	1 c. à soupe
3	pincées de safran	
15 ml	de harissa	1 c. à soupe
150 ml	de pâte de tomate	½ tasse + 2 c. à soupe

Couper les poissons en morceaux réguliers. Couper le saumon fumé en lardons.

Cuire les moules au vin blanc avec un oignon et l'anis étoilé, passer au tamis, jeter l'oignon et l'anis étoilé et réserver le jus de cuisson.

Faire revenir l'autre oignon dans l'huile d'olive quelques minutes à feu moyen. Ajouter les légumes et continuer la cuisson quelques minutes sans les colorer.

Déglacer avec le bouillon de homard, puis ajouter les autres liquides. Incorporer l'ail, le safran, la harissa, le sel et la pâte de tomate.

Amener à ébullition et laisser mijoter 30 minutes à feu doux.

Ajouter la lotte et poursuivre la cuisson 5 minutes. Ajouter les poissons crus et les pétoncles, cuire 5 à 10 minutes, puis ajouter le homard et le saumon fumé.

Partager la soupe dans des bols, accompagner de croûtons frottés à l'ail et de sauce rouille.

— RECETTE ORIGINALE / Serge Bruyère

Médaillons de lotte à l'émincé d'endives

4 PORTIONS

800 g	de lotte parée (c'est-à-dire sans arête et sans peau)	1 lb 12 oz
15 ml	d'huile d'olive	1 c. à soupe
200 g	de beurre	7 oz
150 ml	de vin blanc	⅔ tasse
250 ml	de crème 35 %	1 tasse
500 g	d'endives	1 lb
200 ml	de fumet de poisson	¾ tasse
	sel et poivre fraîchement moulu	

Laver les endives, les émincer très finement puis les faire revenir dans 50 g (2 oz) de beurre, à feu doux, pendant 15 à 20 minutes.

Assaisonner, verser la crème, porter à ébullition. Réserver au chaud.

Verser l'huile dans une sauteuse avec 50 g (2 oz) de beurre, mettre à chauffer. Poser la lotte préalablement salée et poivrée, faire colorer, cuire dans un four préchauffé à 230 °C (450 °F) pendant une dizaine de minutes.

Au terme de cette cuisson, enlever la lotte et mouiller le plat avec le vin blanc et le fumet, laisser réduire de moitié, ajouter le restant du beurre coupé en morceaux en fouettant énergiquement.

Découper la lotte en médaillons. Partager les endives émincées sur quatre assiettes, y disposer les médaillons et napper de sauce. Garder la moitié de la sauce pour servir en saucière. Servir très chaud.

Tournedos de lotte au bacon

et salade d'endives à l'orange et huile de noisette

4 À 6 PORTIONS

800 g	de lotte parée	1,7 lb
10	tranches de bacon	
4	endives	
3	oranges taillées en suprêmes, avec leur jus	
15 ml	de zeste d'orange haché	1 c. à soupe
30 ml	de ciboulette émincée	2 c. à soupe
45 ml	de jus de citron	3 c. à soupe
200 ml	d'huile d'olive	¾ tasse
100 ml	d'huile de noisettes	⅓ tasse
	sel et poivre, au goût	

Enrouler le bacon autour de la lotte et fixer les extrémités avec un cure-dent.

Préchauffer le four à 180 °C (350 °F). Saisir dans une poêle chaude non huilée les filets de lotte recouverts de bacon sur l'ensemble des surfaces, puis terminer la cuisson au four 15 minutes.

Émincer les endives sur la longueur, sans le cœur. Ajouter le zeste d'orange, les suprêmes et la ciboulette.

Mélanger les ingrédients liquides et verser en vinaigrette sur les endives. Saler et poivrer au goût.

Tailler les médaillons de lotte à environ 2 cm (1 po) et déposer sur le buisson d'endives. Servir.

— RECETTE ORIGINALE / Serge Bruyère

Bavarois aux kiwis, sauce à l'orange

6 PORTIONS

¼ l	de lait	1 tasse
80 g	de sucre	3 ½ oz
3	jaunes d'œufs	
5	feuilles de gélatine (ou 2 sachets de gélatine en poudre)	
¼ l	de crème 35 %	1 tasse
30 ml	d'anisette	2 c. à soupe
2	kiwis	

Faire bouillir le lait avec la moitié du sucre. Mélanger le restant du sucre avec les jaunes d'œufs et fouetter énergiquement jusqu'à consistance d'un ruban.

Mélanger le lait bouilli à cette préparation et remuer jusqu'à ce qu'elle prenne une consistance épaisse (ne pas faire bouillir). Ajouter la gélatine en feuille qu'on aura fait tremper dans l'eau (pour la gélatine en poudre, l'incorporer directement).

Fouetter la crème et l'incorporer à la préparation. Parfumer cette crème avec l'anisette.

Éplucher les kiwis, les couper en morceaux et les incorporer à l'appareil.

Remplir des ramequins et garder au réfrigérateur pendant 2 heures au moins.

Sauce à l'orange

½ l	de jus d'orange	2 tasses
200 g	de sucre	7 oz
	zeste d'une orange	

Mettre à bouillir tous les ingrédients et faire réduire de moitié. Laisser refroidir.

Verser la sauce dans des assiettes, y disposer le bavarois, puis servir.

Coupe de kiwis au yogourt et chocolat blanc,

compotée de clémentines

6 PORTIONS

375 ml	de yogourt nature	1 ½ tasse
100 g	de chocolat blanc fondu	3,5 oz
6	kiwis très mûrs, épluchés	

COMPOTÉE DE CLÉMENTINES

5	clémentines détaillées en suprêmes	
160 ml	de jus d'orange	⅔ tasse
200 g	de sucre blanc	1 tasse
5 ml	d'essence de vanille	1 c. à thé

Mélanger le yogourt et le chocolat fondu. Écraser les kiwis à la fourchette et incorporer au mélange de chocolat.

Cuire doucement à découvert les ingrédients de la compotée de clémentines jusqu'à évaporation du liquide. Laisser refroidir.

Verser dans une coupe la mousse de kiwis et chocolat blanc et garnir d'un étage de clémentines en compote. Servir.

Tourte aux poireaux et au fromage

6 PORTIONS

400 g	de poireaux	14 oz
20 g	de farine	1 ½ c. à soupe
25 g	de beurre	1 ½ c. à soupe
500 g	de pâte feuilletée	1 lb 2 oz
200 g	de lard fumé	7 oz
200 g	de fromage gruyère	7 oz
200 g	de pommes de terre crues	7 oz
400 g	de bouillon des poireaux	1 ⅔ tasse
1	œuf	

Prendre un moule à tarte et le foncer avec la pâte feuilletée en laissant déborder de 2 cm (¾ po). Couvrir le fond de cette abaisse avec les pommes de terre émincées à 2 mm (⅛ po) d'épaisseur.

Blanchir les poireaux, coupés en tronçons de 3 cm (1 ¼ po) environ dans l'eau salée pendant 7 minutes. Égoutter sans rafraîchir.

Faire un roux et mouiller avec le bouillon des poireaux. Laisser cuire quelques minutes et mélanger aussitôt avec les poireaux; en recouvrir les pommes de terre.

Couper ensuite le fromage en lamelles et en recouvrir la couche des poireaux. Disposer enfin le lard fumé, coupé en tranches très fines, sur toute la surface. Façonner ensuite un couvercle avec le restant de la pâte feuilletée. Coller les bords à l'œuf, les retourner et les pincer.

Décorer le dessus de la tarte de petites feuilles ou losanges taillés dans le reste de la pâte.

Cuire au four chaud, 190 °C (375 °F), pendant 70 minutes en prenant soin de ne pas laisser brûler le fond et en protégeant la surface avec un papier aluminium.

Éric Harvey
École Hôtelière de la Capitale

Enseignant en pâtisserie à l'École hôtelière de la Capitale et entraîneur de l'équipe canadienne aux Olympiades mondiales de la cuisine, Éric Harvey a côtoyé Serge Bruyère pendant sept ans, à compter de 1984, dont six ans comme chef pâtissier. « Ça a été l'expérience de ma vie. Serge Bruyère m'a impressionné par son audace, son désir de toujours donner ce qu'il y avait de mieux à sa clientèle et à ses cuisiniers. Nous avions accès à tout ce que nous voulions pour créer, inventer. J'avais un très beau laboratoire, et je pouvais toucher à toutes les facettes du métier: glaces, chocolat, brioches, confitures, pâtisserie, desserts sur assiette. » Éric Harvey voit aussi Serge Bruyère comme le premier chef d'ici qui savait incarner son entreprise et en faire une marque de commerce.

Tourte aux poireaux et yogourt
en croûte de quinoa

6 PORTIONS

CROÛTE DE QUINOA

100 g	de quinoa	3 oz
450 ml	d'eau ou de bouillon de légumes	15 oz
25 g	de beurre	1 oz

APPAREIL AUX POIREAUX ET YOGOURT

20 ml	d'huile d'olive	¾ oz
300 g	de partie verte des poireaux	10 oz
175 ml	de yogourt	3 oz
4	feuilles de basilic	
4	pincées de sel	

CROÛTE DE QUINOA

Dans une poêle, fondre le beurre à feu moyen jusqu'à légère coloration et ajouter le quinoa. Faire revenir 2 minutes pour développer un goût de noisettes. Ajouter l'eau et cuire à couvert jusqu'à transparence du grain (environ 10 minutes).

Tapisser un cercle en remontant sur les bords avec une cuillère à table. Réserver.

APPAREIL AUX POIREAUX ET YOGOURT

Préchauffer le four à 180 °C (375 °F). Chauffer l'huile et cuire le poireau 1 minute. Passer au mélangeur tous les ingrédients. Passer ensuite au chinois, puis verser dans le fond de quinoa. Cuire au four pendant 25 minutes.

Bombe glacée à l'érable

6 PORTIONS

185 ml	de sirop chaud	¾ tasse
6	jaunes d'œufs	
250 ml	de crème 35 %	1 tasse
50 ml	de sirop d'érable	¼ tasse
50 ml	de rhum	¼ tasse
30 g	de noix	1 ½ oz

Dans un saladier, mettre les 6 jaunes d'œufs et le sirop chaud. Battre énergiquement au fouet électrique, jusqu'à consistance d'un ruban. Mettre de côté.

Dans un bol, battre la crème jusqu'à consistance épaisse. Mélanger ces deux préparations en y incorporant le sirop d'érable, le rhum et les noix. Verser dans un moule beurré ou dans plusieurs ramequins jusqu'à la moitié. Ajouter la meringue et terminer avec le reste de la préparation.

Mettre au congélateur 2 heures avant de servir.

Meringue

1	blanc d'œuf	
40 g	de sucre	1 ½ oz

Monter le blanc d'œuf en neige avec les 40 g (1 ½ oz) de sucre jusqu'à consistance d'un ruban épais. Mettre la préparation dans une poche à pâtisserie et faire de petits ronds sur une plaque huilée.

Cuire à four doux, 70 °C (150 °F), pendant 4 heures.

Si la meringue est encore humide à l'intérieur, la laisser cuire plus longtemps afin qu'elle sèche entièrement.

Soufflé glacé à l'érable et bleuets

10 PORTIONS

150 g	de blancs d'œufs	5 oz
300 ml	de sirop d'érable très foncé (b ou médium)	10 oz
450 ml	de crème à 35 %	15 oz
100 g	de bleuets séchés	3 oz

GIBOULÉE DE BLEUETS À L'ÉRABLE

200 g	de bleuets gelés	6 oz
100 ml	de sirop d'érable foncé (ou médium)	3 oz
5 g	de fécule de mais	1 c. à thé
10 ml	d'eau	2 c. à thé

SOUFFLÉ GLACÉ

Dans une casserole, chauffer le sirop d'érable doucement jusqu'à 118 °C (240 °F). Au mélangeur, fouetter les blancs d'œufs à grande vitesse et verser le sirop chaud en filet en continuant de fouetter.

Monter ensuite la crème pas trop ferme, puis l'incorporer en pliant dans cette meringue de type italienne en même temps que les bleuets séchés. Mouler dans un ramequin et congeler.

GIBOULÉE DE BLEUETS À L'ÉRABLE

Bouillir les bleuets et le sirop d'érable 1 minute. Mélanger la fécule et l'eau et verser sur le mélange bouillant en fouettant. Cuire 10 secondes. Réserver.

Clafoutis aux pommes

6 PORTIONS

900 g	de pommes	2 lb
200 ml	de crème 35 %	¾ tasse
100 ml	de lait	⅓ tasse
3	œufs	
40 g	de farine	2 oz
100 g	de sucre	4 oz
100 g	de beurre	4 oz
15 ml	de calvados	1 c. à soupe

Éplucher, vider et émincer les pommes.

Faire fondre 50 g (2 oz) de beurre dans une casserole et ajouter les pommes lorsqu'il commence à grésiller.

Les faire revenir rapidement à feu vif en remuant de temps en temps, jusqu'à ce qu'elles prennent une belle couleur noisette.

Les retirer du feu et verser dans un saladier avec le sucre et le calvados; laisser tiédir.

Casser les œufs dans un saladier, ajouter la farine, remuer le tout, puis verser le lait et la crème graduellement en remuant sans cesse.

Incorporer les pommes macérées à la pâte et bien mélanger.

Beurrer un plat à gratin avec le beurre restant, saupoudrer de sucre et verser la préparation dans le plat.

Cuire pendant 30 minutes dans un four préalablement chauffé à 230 °C (450 °F). Laisser refroidir avant de servir.

Clafoutis aux cerises en « cheesecake »

6 PORTIONS

PÂTE

65 g	de farine de sarrasin	2 oz
65 g	de farine tout usage	2 oz
35 ml	d'huile végétale	2 c. à soupe
60 ml	d'eau	4 c. à soupe
2	pincées de cannelle	
2	pincées de sel	

APPAREIL CLAFOUTIS AU FROMAGE

300 g	de cerises de votre choix, dénoyautées	10 oz
300 g	de fromage à la crème de type «Philadelphia»	10 oz
30 ml	de lait	2 c. à soupe
2	œufs	
30 g	de farine tout usage	1 oz
120 g	de sucre	4 oz
2	pincées de sel	

PÂTE

À l'aide d'un coupe-pâte, sabler les farines, le sel, la cannelle et l'huile 2 minutes. Mouiller avec l'eau et mélanger rapidement avec la main pendant 5 secondes seulement, pour former la pâte (si vous mélangez trop, la pâte sera élastique).

Chemiser un cercle ou un fond de tarte avec cette pâte. Réserver.

APPAREIL CLAFOUTIS AU FROMAGE

Mettre les cerises (j'utilise des griottes sûres) dans le fond de pâte au sarrasin cru.

Préchauffer le four à 180 °C (375 °F). Au mélangeur, fouetter le fromage, le sucre et la farine. Ajouter les œufs un à un et terminer avec le lait. Verser cet appareil sur les cerises et cuire pendant environ 30 minutes.

Fondant de chocolat amer

6 À 8 PORTIONS

300 g	de chocolat	10 oz
5	œufs séparés	
200 g	de beurre doux en pommade	7 oz
150 g	de biscuits à la cuillère	5 oz
50 g	de sucre	2 oz
25 ml	de rhum	2 c. à soupe

Sauce vanille

½ l	de lait	2 tasses
5	jaunes d'œufs	
150 g	de sucre	5 oz
½	gousse de vanille	

Tremper les biscuits coupés en morceaux dans le rhum.

Faire fondre le chocolat et le beurre au bain-marie. Fouetter ensemble les jaunes d'œufs et le sucre pendant quelques instants, jusqu'à blanchissement de ceux-ci. Ajouter le chocolat aux œufs et bien mélanger. Laisser refroidir.

Monter les blancs d'œufs en neige et les incorporer à l'appareil (œufs et chocolat). Mélanger les biscuits à la préparation.

Chemiser un moule avec du sucre et y verser la préparation. Laisser prendre au réfrigérateur au moins 3 heures.

Sauce vanille

Faire bouillir le lait et la vanille; retirer du feu et laisser infuser pendant quelque temps.

Mélanger les jaunes d'œufs au sucre; blanchir ce mélange (voir plus haut). Incorporer le lait bouillant.

Remettre le tout dans une casserole sur un feu doux, tourner avec une spatule. Le mélange ne doit PAS bouillir.

Lorsqu'il nappe la spatule, arrêter immédiatement la cuisson et transvaser dans un bol. Laisser refroidir tout en remuant.

Délice truffé à la mangue

6 PORTIONS

TRUFFE À LA MANGUE

300 g	de chocolat amer à 70 % de cacao	10 oz
200 ml	de purée de mangue	6½ oz
240 ml	de crème à 35 %	8 oz

ARABESQUE À LA MANGUE

20 g	de beurre	¾ oz
50 g	de sucre	2 oz
25 g	de purée de mangue	1 oz
12 g	de farine	⅓ oz

APPAREIL À TRUFFE

Chauffer le chocolat à 50 degrés.

Au malaxeur électrique, monter la crème mi-ferme et y incorporer la purée de mangue. Verser le chocolat sur la crème et fouetter rapidement pendant 10 secondes seulement. Dresser à l'aide d'une poche à décorer.

ARABESQUE À LA MANGUE

Chauffer le four à 160 °C (350 °F). Crémer légèrement le beurre et le sucre, ajouter la purée et la farine sans trop brasser. Étaler à la spatule et cuire au four une vingtaine de minutes.

Cette création chocolatée respecte la mangue qui vient en second plan au niveau gustatif. Le secret de sa texture dépend des instructions que vous suivrez à la lettre.

— RECETTE ORIGINALE / Serge Bruyère

Le parlement

6 À 8 PORTIONS

Mousse au chocolat

3	blancs d'œufs	
20 g	de sucre	1 oz
125 g	de chocolat sucré en morceaux	5 oz
2	jaunes d'œufs	
75 g	de beurre	3 ¼ oz

Meringue au chocolat

5	blancs d'œufs	
150 g	de sucre à glacer	5 ½ oz
35 g	de cacao amer	1 ⅓ oz
150 g	de sucre en poudre (sucre à fruits)	5 ½ oz

Faire fondre le chocolat au bain-marie puis, hors du feu, ajouter le beurre en fouettant, le mélange doit être en pommade. Incorporer alors les jaunes d'œufs au mélange refroidi. Réserver.

Monter les blancs en neige en ajoutant les 20 g (1 oz) de sucre à mi-parcours. Verser le premier appareil sur les blancs montés et mélanger délicatement. Réserver.

Mousse au chocolat

Mélanger le cacao en poudre avec le sucre à glacer en les passant au tamis.

Fouetter les blancs d'œufs en neige ferme 5 minutes en incorporant à mi-parcours 20 g (1 oz) de sucre en poudre pour les soutenir.

Aussitôt les blancs montés en neige, ajouter le reste de sucre en poudre en fouettant à petite vitesse. Puis, avec la spatule, incorporer rapidement le mélange cacao / sucre à glacer.

Chauffer le four à 150 °C (300 °F).

Verser la meringue dans une poche à douille de 1 cm (⅜ po) et faire 3 rectangles complets de 30 x 15 cm (11 ½ x 6 po) sur une feuille de papier parchemin. Ensuite, prendre une autre poche à douille de 0,3 cm (⅛ po) et, avec le reste de la meringue, faire de longues bandes étroites qui serviront à enrober le Parlement.

Faire cuire au four pendant 40 minutes, mais en surveillant après 15 minutes de cuisson, car la meringue en bandes étroites devra être prête.

Montage du Parlement

Poser un fond de meringue refroidi dans un plat et étendre une couche de mousse au chocolat à l'aide d'une spatule. Poser le deuxième fond et une seconde couche de mousse et terminer avec le dernier fond. Recouvrir complètement le gâteau avec le reste de la mousse. Couper ou casser les bandes étroites de meringue en petits morceaux et couvrir toutes les surfaces. Saupoudrer le dessus de sucre à glacer.

Parlement noisette-vanille

6 À 8 PORTIONS

MERINGUE FRANÇAISE À LA VANILLE

150 ml	de blancs d'œufs	5,5 oz
150 g	de sucre semoule	5 oz
150 g	de sucre glace tamisé	5 oz
2,5 ml	d'essence de vanille pure	½ c. à thé

CRÈME CHANTILLY À LA NOISETTE

450 ml	de crème à 35%	15 oz
120 g	de Nutella	4 oz
90 g	de beurre de noisettes	3 oz

MERINGUE

Préchauffer le four à 100 °C (225 °F). Au mélangeur, monter les blancs et le sucre semoule en pics très fermes.

À la spatule et en pliant, incorporer le sucre glace (sans trop mélanger, sinon l'appareil va se liquéfier). Ajouter la vanille.

À l'aide d'une poche à pâtisserie, sur une feuille de silicone, dresser de petits pics et deux grands cercles de 20 cm (8 po).

Cuire une quarantaine de minutes, ou jusqu'à ce que la meringue soit légèrement dorée.

CRÈME CHANTILLY

Au mélangeur, monter la crème avec le Nutella et la pâte de noisettes en pics assez fermes. Réserver.

Lorsque la meringue cuite est froide, dans un moule à charnière, mettre un premier disque et la moitié de la crème Chantilly. Répéter l'opération. Congeler cet entremets. Au moment de servir, démouler à l'aide d'un linge passé à l'eau chaude et coller les petits pics de meringue tout autour.

RECETTE ORIGINALE / Serge Bruyère

Consommé de volaille aux courgettes

4 PORTIONS

1 l	de fond de volaille	4 tasses
4	petites courgettes	
1	blanc de poireau	
1	jaune d'œuf	
150 ml	de crème 35 %	2/3 tasse
30 g	de beurre	2 c. à soupe
	sel et poivre	

Émincer les courgettes. Les faire revenir dans le beurre à feu moyen, sans jamais les faire colorer. Dix minutes plus tard, verser le fond de volaille et laisser bouillir une dizaine de minutes. Saler et poivrer. Passer au mélangeur et remettre à bouillir sur le feu.

Dans un bol à part, délayer le jaune d'œuf et la crème 35 %.

Arrêter la cuisson du consommé et incorporer la liaison jaune d'œuf / crème. Fouetter et servir.

Vous pouvez décorer chaque assiette avec quelques rondelles de courgettes.

Yves Kervadec
Au pied de la chute

Né à Lorient et aujourd'hui propriétaire du Gîte gourmand Au pied de la chute, il a été en poste aux poissons et entrées chaudes chez Serge Bruyère de mai 1992 à mai 1994. «Je me souviens d'une grande liberté: Serge créait le menu et nous laissait ensuite le champ libre pour y apporter notre touche personnelle. C'est l'endroit que j'ai préféré, pour la rigueur, la propreté, le respect des cuisiniers et du client. Les poissons étaient d'une fraîcheur et d'une qualité irréprochables, tout comme les autres produits. Et l'image de marque de Serge Bruyère était tellement forte que tous les cuisiniers qui passaient par chez lui étaient tout de suite pris au sérieux dans la profession.»

Consommé de volaille aux légumes racines

4 À 6 PORTIONS

1 l	de bouillon de volaille	4 tasses
1	racine de gingembre	
100 g	de daikon	3,5 oz
100 g	de taro	3,5 oz
30 ml	de sauce soja	2 c. à soupe
15 ml	d'huile de sésame	1 c. à soupe
15 ml	de ciboulette ciselée	1 c. à soupe
	sel, poivre	

Couper les racines en fine julienne, les faire revenir à l'huile de sésame environ 5 minutes.

Faire chauffer le bouillon de volaille et le parfumer avec la sauce soja.

Diviser les racines dans 4 bols à soupe, verser le bouillon de volaille parfumé, finir avec la ciboulette ciselée.

J'ai utilisé les racines pour le piquant, la sauce soja pour le salé et l'huile de sésame pour la force, le tout dans un délicat parfum de volaille.

Tournedos de veau à la graine de moutarde

4 PORTIONS

1	morceau de veau de 600 à 800 g (1 ½ lb), taillé dans la longe, entièrement dégraissé et dénervé	
1	branche de céleri	
½	oignon	
4 ou 5	champignons	
	sel et poivre	
	thym	
2	tranches de foie gras (facultatif)	
60 g	de beurre	2,5 oz
100 ml	de fond de veau	⅓ tasse
100 ml	de vin blanc	⅓ tasse
150 ml	de crème 35 %	⅔ tasse
30 ml	de moutarde de Meaux	2 c. à soupe

Tailler tous les légumes en mirepoix (petits dés de 5 mm (¼ po) de côté).

Mettre 15 ml (1 c. à soupe) de beurre dans une sauteuse et faire revenir à feu moyen sans colorer, successivement les carottes, le céleri, l'oignon et enfin les champignons pendant 5 à 7 minutes. Assaisonner de sel, de poivre et de thym. Laisser refroidir.

Couper votre morceau de viande en 4 tranches identiques. Ouvrir chaque tranche en 2, dans le sens de l'épaisseur, assaisonner modérément l'intérieur et farcir avec la garniture de légumes, plus une demi-tranche de foie gras. Assaisonner les tournedos de sel et poivre sur les 2 faces.

Faire chauffer et blondir 40 g (1 ½ oz) de beurre dans la sauteuse et y déposer les tournedos. Faire cuire à feu moyen, 4 à 5 minutes de chaque côté. Réserver.

Déglacer avec le vin blanc, le fond de veau et la crème. Ajouter 30 ml (2 c. à soupe) de moutarde de Meaux. Laisser épaissir.

Dresser vos tournedos dans un plat de service, napper de sauce et servir aussitôt.

Médaillons de veau aux champignons sauvages,

jus crémé à l'estragon

4 PORTIONS

800 g	de longe de veau	1,7 lb
200 g	de champignons sauvages tranchés (bolets, chanterelles)	7 oz
4	échalotes sèches, hachées finement	
45 g	de pignons de pin	3 c. à soupe
100 ml	de vin rouge sec	⅓ tasse
125 ml	de fond de veau	½ tasse
45 ml	de crème fraîche	3 c. à soupe
30 ml	d'estragon haché	2 c. à soupe
30 ml	d'huile d'olive	2 c. à soupe
30 g	de beurre	2 c. à soupe
	sel et poivre, au goût	

Faire suer à l'huile d'olive les échalotes et les champignons sauvages jusqu'à tendreté. Assaisonner et laisser cuire 15 minutes, puis ajouter les pignons de pin.

Préchauffer le four à 180 °C (350 °F). Saler et poivrer la longe de veau et la saisir à l'huile et au beurre à feu moyen-vif. Terminer la cuisson au four une dizaine de minutes. Sortir la longe du four et la laisser reposer 10 minutes.

Entre-temps, déglacer les sucs de cuisson avec le vin rouge, laisser réduire de moitié sur feu vif. Ajouter le fond de veau et laisser réduire 5 minutes. Ajouter la crème et l'estragon haché.

Couper la longe en quatre médaillons. Disposer un médaillon au centre de chaque assiette, garnir de 2 cuillères à soupe de champignons. Terminer avec un filet de jus à l'estragon.

Poulet de grain au gruyère

4 PORTIONS

1	poulet de grain	
45 ml	de beurre	3 c. à soupe
150 g	de gruyère	5 oz

Bouillon

	ailerons et cou du poulet	
2	petites carottes	
2	petits oignons	
1	poireau	
1	branche de céleri	
1	gousse d'ail	
1	feuille de laurier	
	pincée de thym	
1	clou de girofle	
2 l	d'eau	8 tasses
	sel et poivre	

Sauce

37 ml	de beurre	2 ½ c. à soupe
45 ml	rase de farine	3 c. à soupe
2	jaunes d'œufs	
100 ml	de crème 35 %	⅓ tasse
	jus de citron	

Dans une casserole, faire un bouillon avec les ingrédients indiqués et lui donner 25 minutes d'ébullition. Laisser tiédir. Ajouter le poulet, couvrir et faire cuire 40 minutes à feu moyen.

Retirer le poulet, le couper en quatre, puis enlever les os.

Faire réduire le bouillon d'un tiers. Le filtrer à travers une passoire et le dégraisser.

Mettre à fondre le beurre et ajouter la farine en brassant pendant 2 ou 3 minutes. Mouiller avec le bouillon réduit et amener à ébullition. Puis y verser les jaunes d'œufs délayés dans la crème. À la première ébullition, retirer du feu. Rectifier l'assaisonnement et ajouter un mince filet de jus de citron. Laisser tiédir.

Dans un plat allant au four, mettre les quarts de poulet. Napper avec la sauce et recouvrir de fromage râpé. Mettre le plat dans un four préchauffé à 200 °C (400 °F) et faire dorer. Le poulet devra être servi bien doré.

Poulet de grain sauté à l'aubergine gratinée,

émulsion au jus de volaille

4 À 6 PORTIONS

1	poulet fermier	
1	citron, le jus	
15 ml	de moutarde de Dijon	1 c. à soupe
125 ml	d'huile d'olive	½ tasse
30 g	de beurre	2 c. à soupe
1	aubergine moyenne	
100 g	de parmesan râpé	3,5 oz
	sel et poivre, au goût	

Chauffer le four à 180 °C (350 °F). Couper l'aubergine dans le sens de la longueur, assaisonner et huiler. Cuire au four environ 1 heure. Décoller la pulpe de la peau et mixer au mélangeur avec 30 ml (2 c. à soupe) d'huile d'olive.

Désosser le poulet et faire un bouillon avec les os et la carcasse. Faire réduire le bouillon aux trois quarts et le refroidir.

Assaisonner les cuisses et les poitrines désossées. Dans une sauteuse, à feu moyen-vif, les faire colorer à l'huile et au beurre. Couvrir, réduire le feu et terminer la cuisson à feu doux une vingtaine de minutes, en retournant à mi-cuisson.

Au mélangeur, émulsionner la moutarde, le jus de citron, 250 ml (1 tasse) de bouillon et 45 ml (3 c. à soupe) d'huile d'olive. Saler et poivrer.

Avant de servir, chauffer le four à «Broil». Couper chaque morceau de poulet en deux et disposer les 8 morceaux dans un plat à gratin. Garnir chaque morceau de purée d'aubergine, saupoudrer abondamment de parmesan, faire gratiner quelques minutes jusqu'à ce que le fromage soit doré et fasse des bulles.

Servir un morceau de cuisse et un morceau de poitrine par assiette. Accompagner d'une salade croquante et d'un filet d'émulsion.

— RECETTE ORIGINALE / Serge Bruyère

Filet de sole aux crevettes du Saint-Laurent

4 PORTIONS

Au Québec, durant tout l'été, nous avons la chance de trouver au marché des crevettes fraîches de Sept-Îles, c'est pourquoi j'ai voulu vous présenter cette recette facile à réaliser. Mais, évidemment, si vous n'habitez pas Québec, vous pouvez les remplacer par des crevettes congelées.

8	filets de sole	
300 ml	de fumet de poisson	1 ¼ tasse
2	échalotes hachées	
150 ml	de vin blanc	1 2/3 tasse
250 ml	de crème 35 %	1 tasse
500 g	de crevettes du Saint-Laurent décortiquées	1 lb
	sel et poivre fraîchement moulu	
1	jaune d'œuf	
	quelques branches de cerfeuil	

Rouler les filets de sole et les disposer dans une casserole. Ajouter le fumet de poisson, le vin blanc, les échalotes hachées. Saler et poivrer. Cuire à couvert pendant 5 à 8 minutes. Au terme de la cuisson, retirer les filets et les disposer dans une assiette recouverte d'une autre assiette pour les garder au chaud.

Faire réduire de moitié le jus de cuisson et ajouter la crème 35 %. Laisser cuire 5 ou 6 minutes. Ensuite, mettre le jaune d'œuf délayé auparavant dans 15 ml (1 c. à soupe) de crème. Arrêter la cuisson. Jeter vos crevettes décortiquées dans la sauce.

Dresser vos filets de sole dans un plat de service. Napper de sauce aux crevettes, parsemer de cerfeuil et servir aussitôt.

Filet de sole poché,
salsa de crevettes et jus au persil

4 PORTIONS

8	filets de sole	
200 g	de crevettes crues, décortiquées	7 oz
500 ml	de fumet de poisson ou de fond de volaille	2 tasses
1	oignon	
1	poivron rouge ou jaune	
1	courgette	
30 ml	de sucre blanc	2 c. à soupe
45 ml	de vinaigre de vin blanc	3 c. à soupe
250 ml	de feuilles de persil plat, hachées finement	1 tasse
	sel et poivre, au goût	

Couper l'oignon, le poivron et la courgette en très petits cubes (mirepoix). Faire un caramel (gastrique) en amenant à ébullition le sucre et le vinaigre en laissant colorer quelques minutes. Ajouter les légumes et faire cuire 10 minutes à feu moyen. Ajouter les crevettes en fin de cuisson. Retirer du feu.

Préchauffer le four à 180 °C. (350 °F.) Saler et poivrer les filets de sole, rouler chaque filet autour de deux doigts de façon à former un cylindre creux, les déposer dans un plat peu profond allant au four. Mouiller avec le bouillon et cuire au four de 6 à 8 minutes.

Récupérer une tasse de fond de cuisson et le faire bouillir dans une casserole, y plonger les feuilles de persil. Laisser cuire 2 à 3 minutes à feu moyen. Passer au mélangeur, puis filtrer.

Dresser deux filets par assiette, les garnir de salsa aux crevettes et d'un filet de jus de persil.

Poires au vin rouge

4 PORTIONS

8	poires	
750 ml	de vin rouge	3 tasses
300 g	de sucre	10 oz
1	bâton de cannelle	
¼	de citron	

Peler les poires en ayant soin de ne pas toucher aux tiges. Les disposer dans une casserole les unes à côté des autres. Remplir de vin, ajouter le sucre, la cannelle et le citron. Porter à ébullition pendant 15 minutes.

Retirer les poires et laisser réduire le vin de moitié. Laisser refroidir. Disposer dans des assiettes, arroser de vin et servir très froid.

Poires caramélisées aux amandes,

sirop de vin aux fruits rouges

4 PORTIONS

4	poires	
45 ml	de sucre	3 c. à soupe
45 ml	de beurre	3 c. à soupe
100 g	d'amandes effilées	3,5 oz
500 ml	de vin rouge	2 tasses
250 ml	de sucre	1 tasse
250 ml	de fruits rouges (framboises, bleuets)	1 tasse
4	feuilles de menthe ou de mélisse	

Dans une casserole, mélanger le vin, le sucre et les fruits rouges. Amener à ébullition et réduire, à feu moyen-vif, jusqu'à l'obtention d'un sirop. Refroidir.

Éplucher, couper les poires en quatre et retirer les cœurs.

Mettre le beurre et le sucre dans une poêle et cuire quelques minutes à feu moyen pour en faire un caramel. Y cuire ensuite les poires 5 minutes à feu doux et ajouter les amandes en fin de cuisson.

Dresser 4 quartiers de poires par assiette en les chevauchant, finir avec un filet de sirop et une feuille de menthe ou de mélisse.

Crème d'asperges vertes et brocoli

4 PORTIONS

½ l	de volaille	2 tasses
250 g	d'asperges vertes, fraîches	9 oz
250 g	de brocoli sans tiges	9 oz
150 ml	de crème 35 %	⅔ tasse
1	jaune d'œuf	

Éplucher les asperges. Séparer les pointes et les queues. Mettre les queues et le fond de volaille dans une casserole et faire cuire 30 minutes. Faire cuire séparément les pointes d'asperges et le brocoli à l'eau bouillante salée. Les rafraîchir rapidement sous l'eau froide.

Réserver 4 ou 5 pointes d'asperges par personne pour la garniture. Passer les autres asperges et le brocoli à l'eau bouillante salée. Les rafraîchir rapidement sous l'eau froide.

Passer les queues d'asperges et le bouillon au moulin à légumes afin d'en éliminer les fils.

Remettre le bouillon sur le feu et y jeter la semoule en pluie fine. Puis ajouter la purée de brocoli et d'asperges. Remuer le tout au fouet métallique.

Continuer la cuisson 8 à 10 minutes. Ajouter la crème. Rectifier l'assaisonnement. À la dernière minute, lier avec le jaune d'œuf délayé dans un peu de crème fraîche. Cette dernière opération doit se faire hors du feu, car la soupe ne doit pas bouillir.

Servir en soupière.

Marie-Chantal Lepage
Château Bonne Entente

La présidente de la Fondation Serge-Bruyère et grande ambassadrice des produits régionaux québécois. Aujourd'hui en charge de la brigade du Château Bonne Entente, elle l'a toujours clamé haut et fort: Serge Bruyère a été son mentor et le premier qui lui a donné sa chance comme femme dans une cuisine. Ayant travaillé deux années à ses côtés, de 1984 à 1986, et dès l'âge de 20 ans, elle dit avoir été constamment stimulée par l'exemple de ce cuisinier d'exception, qui est resté un modèle. Le goût du détail bien fignolé, l'amour des beaux produits, la capacité de faire face à un stress intense durant le coup de feu et de se faire respecter de ses cuisiniers sans devoir hausser le ton tout en leur offrant des opportunités d'apprentissage, elle dit les avoir acquis de Serge Bruyère.

Asperges vertes cuites sur le gril,
gravlax de truite à l'érable et mousseline de mascarpone citronnée

4 PORTIONS

GRAVLAX

45 g	de sucre d'érable	3 c. à soupe
45 g	de gros sel	3 c. à soupe
1	filet de truite	
160 ml	d'huile d'olive	⅔ tasse
30 ml	de vinaigre d'algues	2 c. à soupe
5 g	de thym citronné, haché	1 c. à thé

ASPERGES

24	asperges vertes épluchées et blanchies
	huile d'olive
	sel et poivre, au goût

MOUSSELINE DE MASCARPONE

100 g	de mascarpone	3,5 oz
160 ml	de crème à 35 %	⅔ tasse
	zeste d'un citron	
	sel et poivre, au goût	
	micro-laitue pour garnir	

GRAVLAX

Dans un plat, mélanger le sucre d'érable, le gros sel, l'huile et le vinaigre pour obtenir une préparation homogène. Ajouter le filet de truite et le recouvrir complètement de marinade. Répartir le thym sur les filets et couvrir d'une pellicule plastique. Réserver au réfrigérateur 12 heures.

Rincer le filet de truite sous l'eau courante pour enlever la marinade. Bien éponger avec un linge propre. Couper en fines tranches.

ASPERGES

Éplucher les asperges avec un économe en arrêtant à 5 cm (2 po) de la tête. Les blanchir 1 minute dans l'eau salée et stopper la cuisson en les plongeant immédiatement dans de l'eau froide. Retirer de l'eau et bien éponger. Huiler légèrement les asperges, saler et poivrer. Les faire griller à feu doux sur le gril, en tournant à l'occasion. Ne pas trop cuire.

MOUSSELINE DE MASCARPONE

Fouetter la crème jusqu'à ce qu'elle forme des pics fermes. Avec une spatule, plier la crème dans le mascarpone. Ajouter le zeste de citron. Saler et poivrer.

MONTAGE

Aligner six asperges au centre de chaque assiette. Garnir le dessus d'une quenelle de mousseline de mascarpone moulée entre deux cuillères à soupe. Finir avec une tranche de gravlax. Décorer avec des micro-pousses de votre choix.

Gratin de palourdes aux épinards

4 PORTIONS

900 g	de palourdes	2 lb
250 ml	de vin blanc	1 tasse
150 g	de gruyère râpé	5 oz
2	échalotes françaises	
30 ml	d'huile	2 c. à soupe
450 g	d'épinards frais	1 lb
	sel et poivre fraîchement moulu	

Sauce

40 g	de beurre	3 c. à soupe
20 g	de farine	1 oz
¼ l	de crème 35 %	1 tasse

Après avoir fait blanchir les épinards pendant 5 minutes dans une grande quantité d'eau bouillante, les rafraîchir abondamment à l'eau froide. Les égoutter et les hacher grossièrement avant de les faire sauter vivement dans de l'huile. Saler très légèrement, donner deux tours de moulin à poivre et mettre de côté.

Dans une grande casserole, faire ouvrir les palourdes avec les échalotes, à couvert et à feu vif, dans le vin blanc durant 5 minutes; retirer les mollusques et leurs coquilles et les mettre de côté.

Faire un roux blanc avec le beurre et la farine et ajouter le jus de cuisson des palourdes, puis la crème, mais hors du feu, poivrer seulement. Incorporer les épinards.

Mélanger les palourdes aux épinards à la crème et verser la préparation dans un plat beurré allant au four. Saupoudrer de fromage râpé et faire gratiner quelques minutes dans un four à 200 °C (400 °F).

Flans d'épinards en verrine,

paloudes et leur lait mousseux

4 PORTIONS

300 g	d'épinards frais, lavés et essorés	10,5 oz
300 ml	de crème à 35%	1 tasse + 2 c. à soupe
6	œufs	
1	gousse d'ail	
	huile d'olive	
	sel et poivre, au goût	
4	verres à scotch	
60 ml	de lait (décoration)	4 c. à soupe

80 g	de palourdes cuites, égouttées	3 oz
1	tomate rouge épépinée et coupée en dés	
6	brins de ciboulette fraîche, hachés	
15 ml	de vinaigre de framboise	1 c. à soupe
30 ml	d'huile de pépins de raisin	2 c. à soupe
	sel et poivre du moulin, au goût	

Tomber les épinards à l'huile d'olive en les remuant à l'aide d'une fourchette sur laquelle vous avez piqué une gousse d'ail. Réserver au froid. Bien presser les épinards pour enlever l'eau de végétation. À l'aide d'un mélangeur électrique, mettre les épinards en purée avec la crème. Ajouter les œufs, saler et poivrer.

Préchauffer le four à 180 °C (350 °F). Verser la préparation dans les verres à scotch. Mettre les verres dans un plat allant au four rempli d'eau à moitié. Cuire au four au bain-marie pendant 40 minutes, ou jusqu'à ce que la purée fige. Sortir du four et laisser refroidir.

Entre-temps, mélanger les palourdes avec les dés de tomates, la ciboulette, le vinaigre de framboise et finir avec l'huile. Bien assaisonner. Disposer le mélange de palourdes sur le flan d'épinards et décorer avec le lait, que vous aurez d'abord fait mousser avec un mélangeur à main.

RECETTE ORIGINALE / Serge Bruyère

Pintade au vinaigre d'estragon

4 PORTIONS

1	pintade	
20 g	de beurre	1 ½ c. à soupe
50 ml	de vinaigre d'estragon	¼ tasse
2	tomates fraîches, épépinées et concassées	
20	gousses d'ail non épluchées	
	thym et laurier	
	sel et poivre	
250 ml	de fond de volaille	1 tasse
150 ml	de crème 35 %	⅔ tasse

Découper la pintade: avec un couteau, détacher les cuisses, séparer le pilon du gras de cuisse. Enlever les ailes en laissant une bonne part de chair tout le long du bréchet. Couper les ailerons à la 2e jointure. Couper la poitrine en deux sur la longueur. Assaisonner tous les morceaux de sel et poivre.

Prendre une sauteuse assez large pour que les morceaux ne se chevauchent pas. Poser sur le feu vif, faire fondre 10 g (1 ½ c. à soupe) de beurre et mettre la pintade découpée côté peau en dessous, sans couvrir.

Au bout de 5 à 7 minutes, retourner les morceaux et les laisser colorer sur l'autre face. Ajouter l'ail non épluché, couvrir et laisser cuire 25 minutes puis dégraisser.

Verser le vinaigre et laisser réduire de moitié. Ajouter les deux tomates concassées, le thym et le laurier. Recouvrir et laisser cuire 15 minutes.

Retirer la pintade et ajouter 250 ml (1 tasse) de fond de volaille. Amener à ébullition et laisser réduire de moitié. Verser 150 ml (⅔ tasse) de crème 35 %. Si la sauce est trop liquide, vous pouvez y adjoindre un ou deux cubes de beurre très froid pour la lier.

Dresser vos morceaux de pintade sur les assiettes et napper de sauce. Servir aussitôt.

Pintade rôtie aux quarante gousses d'ail

à l'infusion de branches de thym frais

4 PORTIONS

1	pintade entière	
15 ml	de gros sel	1 c. à soupe
	poivre noir fraîchement moulu, au goût	
40	gousses d'ail en chemise	
5	brins de thym frais	
250 ml	de fond de volaille	1 tasse
1	feuille de laurier	
5 g	de poivre en grains	1 c. à thé
	huile d'olive	
	noix de beurre	

Préchauffer le four à 180 °C (350 °F). Dans une cocotte, chauffer un peu d'huile et une noix de beurre. Faire revenir les gousses d'ail en chemise deux minutes. Couvrir le dessus des gousses d'ail avec les branches de thym. Réserver.

Assaisonner l'intérieur et l'extérieur de la pintade avec le gros sel et le poivre du moulin.

Placer la pintade sur le nid de gousses d'ail et de branches de thym. Ajouter le fond de volaille, la feuille de laurier et le poivre en grains. Cuire au four, à découvert, en arrosant à l'occasion, de 60 à 75 minutes, selon la grosseur, ou jusqu'à cuisson parfaite.

Au terme de la cuisson, passer le fond de cuisson au tamis. Servir avec les gousses d'ail et des légumes du marché.

— RECETTE ORIGINALE / Serge Bruyère

Fricassée de homard aux petits légumes

2 PORTIONS

1	homard vivant de 750 g (1 ½ lb)	
30 ml	de brandy	2 c. à soupe
200 ml	de vin blanc	¾ tasse
125 ml	de fumet de poisson	½ tasse
1	tomate fraîche	
2 ml	de pâte de tomate	1 c. à café
1	échalote séchée	
1/2	carotte	
50 ml	de crème 35 %	4 c. à soupe
40 g	de beurre	1 ½ oz
50 ml	d'huile d'olive (si possible)	4 c. à soupe
	sel et poivre	

Légumes de garniture

25 g	de haricots verts	1 oz
40 g	de maïs	1 ½ oz
1	pomme de terre	
1	carotte	
1	petit navet	

Fendre le homard en deux sur la longueur. Retirer l'estomac et mettre de côté l'intestin (boyau de couleur verdâtre). Détacher les deux pinces et les fendre en deux.

Tailler l'échalote et la ½ carotte mirepoix (petits cubes). Cuire les haricots verts et le maïs croquant dans de l'eau bouillante pendant quelques minutes.

Façonner en forme de gousses d'ail, ou couper en petits cubes les légumes de la garniture: carotte, petit navet et pomme de terre. Les cuire à l'eau salée pendant 5 à 7 minutes. Éplucher la tomate et la couper en 4.

Dans une sauteuse, faire revenir le homard à feu vif avec l'huile, côté chair dans le fond de la casserole, pendant 5 minutes. Ajouter les légumes de la mirepoix. Arroser de cognac. Flamber avec une allumette. Joindre le vin blanc, le fumet de poisson, la tomate fraîche et la pâte de tomate. Porter à ébullition et cuire pendant 15 minutes. Retirer les morceaux de homard.

Écraser dans un bol l'intestin et les 40 g (1 ½ oz) de beurre. Mélanger ces ingrédients. Ajouter cette liaison à la sauce qui doit prendre une couleur vermillon, joindre la crème et laisser bouillir 3 minutes. Vérifier l'assaisonnement et passer au tamis.

Dresser votre homard sur une assiette tiède, napper de sauce et parsemer des légumes de la garniture. Servir très chaud.

Fusion de homard et de mangue,

avocats mûris à point et mangue au parfum de coriandre et de jus de citron vert

4 PORTIONS

4	queues de homard, décortiquées	
2	avocats mûrs	
1	citron, le jus seulement	
2	mangues, pelées et coupées en julienne	
30 g	d'oignon rouge, émincé	2 c. à soupe
2	tomates rouges pelées et épépinées, en fine julienne	
15 g	de gingembre frais, haché finement	1 c. à soupe
1	gousse d'ail, hachée	
30 ml	de coriandre fraîche	2 c. à soupe
	huile d'olive	
2	citrons verts, le jus seulement	
	fleur de sel	
	poivre noir fraîchement moulu	

Couper les avocats sur la longueur, peler, dénoyauter et couper en lanières. Arroser de jus de citron pour éviter qu'ils ne brunissent. Saler, poivrer et réserver.

Dans un bol, mélanger la mangue, l'oignon, la chair de tomate.

Ajouter les morceaux d'avocats et remuer délicatement. Ajouter le gingembre, l'ail, la coriandre, le jus des citrons verts. Rectifier l'assaisonnement. Ajouter l'huile d'olive.

Servir les queues de homard et leur salsa dans des cassolettes faites de pâte à rouleau de printemps frites, si désiré, avec un bouquet de coriandre fraîche.

— RECETTE ORIGINALE / Serge Bruyère

Mandarines glacées

6 PORTIONS

12	mandarines	
200 g	de sucre	7 oz
5	œufs	
150 g	de beurre fondu	5 oz
250 ml	de crème 35 %	1 tasse

Couper les mandarines à ½ cm (¼ po) du sommet et réserver les chapeaux. Vider les mandarines à l'aide d'une cuillère en prenant soin de ne pas briser la peau. Réserver également les «coffres», c'est-à-dire la pelure entière.

Passer la pulpe à la moulinette, puis filtrer le jus ainsi obtenu et le réserver.

Mettre ce liquide à réduire du tiers et laisser tiédir.

Mélanger le sucre avec les œufs, puis le beurre fondu et le jus de mandarines réduit.

Mettre dans une casserole et laisser cuire à feu doux jusqu'à épaississement de cette crème tout en remuant avec une spatule. Laisser refroidir.

Battre la crème et mélanger avec la préparation.

Garnir les mandarines du mélange et les placer dans le réfrigérateur jusqu'au moment de servir.

Granité à la mandarine, aux canneberges et au rhum antillais

4 À 6 PORTIONS

1 l	d'eau	4 tasses
240 g	de sucre	1 tasse
250 ml	de jus de mandarine fraîchement pressé	1 tasse
60 g	de canneberges fraîches	4 c. à soupe
60 ml	de rhum brun	4 c. à soupe

Dans une casserole, chauffer l'eau et ajouter le sucre. Lorsque le sucre est fondu, retirer du feu. Faire gonfler les canneberges dans 150 ml (⅔ tasse) de sirop encore chaud. Mettre le reste du sirop à refroidir dans un autre contenant.

Ajouter le jus de mandarine au sirop refroidi. Verser le liquide dans un contenant en acier inoxydable, de préférence, et mettre au congélateur. Laisser prendre 30 minutes.

Sortir le contenant du congélateur et, à l'aide d'une fourchette, mélanger la préparation, qui aura commencé à cristalliser. Remettre au congélateur et répéter l'opération toutes les 30 minutes jusqu'à ce que le liquide soit complètement cristallisé.

Retirer les canneberges du sirop refroidi. Répartir les canneberges pochées dans de jolies coupes. Ajouter le granité et finir avec le rhum. Servir immédiatement.

Salade d'épinards aux mandarines

4 PORTIONS

250 g	d'épinards	9 oz
4	mandarines	
	vinaigrette française	
240 g	de foie de morue	1 boîte

Vinaigrette

200 ml	d'huile	¾ tasse
30 ml	de vinaigre	2 c. à soupe
2 ml	de moutarde de Dijon	1 c. à café
	sel et poivre	

Équeuter, laver et essorer les épinards. Dans un saladier, les mélanger aux quartiers de mandarine et au foie de morue.

Verser la vinaigrette française, remuer le tout et disposer sur chaque assiette froide.

Dans un saladier, mettre la moutarde, incorporer le vinaigre, mélanger puis verser petit à petit l'huile tout en fouettant. Saler et poivrer.

Myriam Pelletier
Traiteur

Diplômée de Wilbrod-Behrer et de l'Institut de tourisme et d'hôtellerie en cuisine évolutive, elle travaille comme chef privé et styliste culinaire. À l'instar de Christophe Alary, elle a connu «l'après-Serge Bruyère», en 1994, à la fin de ses études. «Je me souviens de la rigueur et du grand respect que ses chefs de partie avaient pour lui. Ils me disaient toujours: «Serge voulait cette garniture de telle manière. Cette terrine, c'est comme ça que Serge la travaillait, pas autrement, il faut faire comme lui.» Je savais ma chance de me trouver dans cette maison légendaire et j'étais impressionnée de voir tous ces chefs garder Serge Bruyère vivant à travers les techniques culinaires et les méthodes qu'ils utilisaient.»

Salade d'épinards et de roquette

avec croûtons de foie de morue

4 PORTIONS

½	bulbe de fenouil	
1	sac de mini épinards, prélavés	
1	sac de mini roquette, prélavée	
1	boîte de foies de morue	
1	baguette	
15 ml	d'huile d'olive	1 c. à soupe
	sel et poivre, au goût	

VINAIGRETTE

30 ml	de mayonnaise	2 c. à soupe
60 ml	de yogourt nature	¼ tasse
5 ml	de moutarde de Dijon	1 c. à thé
15 ml	de jus de citron	1 c. à soupe
3 ml	d'algues en flocons	½ c. à thé
	sel et poivre du moulin, au goût	

Préchauffer le four à 180 °C (350 °F). Préparer les croûtons en coupant la baguette en fines tranches. Les étaler sur une plaque, saler, poivrer et arroser d'un filet d'huile d'olive. Faire dorer au four de 10 à 15 minutes.

Mélanger tous les ingrédients de la vinaigrette et assaisonner au goût.

Émincer finement le fenouil en le coupant sur la longueur.

Dans un saladier, mélanger les épinards, la roquette, le fenouil. Touiller avec la vinaigrette. Tartiner les croûtons avec le foie de morue. Servir les croûtons avec la salade.

Médaillons de veau à l'émincé de courgettes

4 PORTIONS

600 g	de filet de veau paré	1 ¼ lb
50 ml	de vinaigre de vin à l'estragon	¼ tasse
250 ml	de crème 35 %	1 tasse
250 ml	de fond de veau	1 tasse
30 g	de beurre pour la cuisson	2 c. à soupe
40 g	de beurre pour la liaison	3 c. à soupe
40 g	d'échalotes	3 c. à soupe
2	petites courgettes	
	sel et poivre	
1	noix de beurre	

Couper le filet de veau en 8 médaillons.

Éplucher et hacher les échalotes. Laver les courgettes, les couper en deux dans le sens de la longueur puis les émincer en petites rondelles. Réserver.

Dans une sauteuse, faire chauffer 30 g (2 c. à soupe) de beurre. Assaisonner les médaillons de sel et poivre. Saisir la viande des deux côtés en lui donnant deux minutes de cuisson sur chaque face. La retirer et la réserver au chaud sur une grande assiette.

Jeter la moitié du beurre de cuisson. Ajouter les échalotes, faire blondir, déglacer (voir note) avec le vinaigre de vin et laisser réduire à sec (voir note).

Verser la crème et le fond de veau. Lier avec les 40 g (3 c. à soupe) de beurre très froid coupé en cubes en les jetant dans votre sauce très chaude.

Mettre les courgettes à cuire dans un poêlon avec une noix de beurre, à feu vif, pendant 5 minutes.

Remettre les médaillons 20 secondes dans la sauce et laisser mijoter sans faire bouillir.

Sur des assiettes chaudes, dresser les courgettes émincées et sautées, coucher les médaillons de veau et napper de sauce. Servir aussitôt.

Note: Déglacer: mouiller d'un liquide quelconque le fond de la casserole où une viande vient de cuire pour y faire dissoudre les sucs et obtenir ainsi un concentré de jus. Réduire à sec: diminuer le volume du liquide jusqu'à évaporation presque complète.

Médaillons de veau grillé, asperges et courgettes

4 PORTIONS

600 g	de filet de veau paré	1 lb 3 oz
3	petites courgettes	
20	asperges fraîches	
15 ml	d'huile d'olive	1 c. à soupe
	sel et poivre du moulin, au goût	

SAUCE

500 ml	de bouillon de volaille maison	2 tasses
1	oignon moyen, coupé en 6	
3	gousses d'ail, pelées et coupées en deux	
15 ml	de vinaigre à l'estragon	1 c. à soupe
15 ml	de moutarde de Dijon	1 c. à soupe
3	tomates italiennes mûres et fermes	
	mélange d'herbes fraîches, au choix et au goût (basilic, menthe, persil, ciboulette, cerfeuil, estragon, etc.)	

SAUCE

Chauffer à feu moyen le bouillon de volaille, ajouter l'oignon et l'ail. Cuire à couvert jusqu'à ce que les légumes soient cuits. Verser dans le bol d'un mélangeur et y ajouter le vinaigre et la moutarde. Mélanger jusqu'à consistance homogène.

Épépiner et couper les tomates en petits cubes et les ajouter à la sauce encore chaude.

MÉDAILLONS

Allumer le barbecue ou chauffer une poêle à fond strié sur la cuisinière. Couper le filet de veau en 4 portions de 150 g (6 oz).

Couper les courgettes dans le sens de la longueur, à environ ½ cm d'épaisseur. Couper l'extrémité des asperges.

Enduire légèrement les filets d'huile, les assaisonner, puis déposer sur la grille du barbecue ou dans la poêle. Cuire à feu moyen-vif. Après 4 minutes, faire pivoter de 90 degrés dans le sens des aiguilles d'une montre pour quadriller. Répéter l'opération de l'autre côté.

Pendant que la viande repose, griller les légumes des deux côtés à chaleur élevée. Une fois cuits, assaisonner et arroser d'un filet d'huile d'olive.

Mettre la sauce en saucière et ajouter les herbes fraîches grossièrement hachées.

Servir dès que les légumes sont cuits.

RECETTE ORIGINALE / Serge Bruyère

Cassolette de crevettes homardières

4 PORTIONS

32	grosses crevettes fraîches (si possible)	
30 g	de beurre	1 ½ oz
30 ml	de brandy français	2 c. à soupe
250 ml	de sauce coulis de homard	1 tasse
125 ml	de crème 35 %	½ tasse
	sel et poivre	

Garniture

1	petite carotte cuite tranchée en rondelles
1	poignée de maïs en grains, en conserve, ou frais mais cuit au préalable
5 ou 6	feuilles d'estragon hachées

Décortiquer les crevettes. Les faire colorer dans le beurre très chaud pendant 3 ou 4 minutes. Saler et poivrer. Flamber au brandy.

Verser la sauce coulis de homard et la crème. À la première ébullition, retirer les crevettes et réserver.

Mettre les légumes et l'estragon et laisser cuire pendant 5 ou 6 minutes jusqu'à ce que la sauce devienne onctueuse.

Remettre les crevettes et faire chauffer pendant 2 ou 3 minutes. Servir aussitôt avec un riz pilaf.

Raviolis de crevettes,
sauce au homard

4 PORTIONS

FARCE POUR 20 RAVIOLIS

12	crevettes moyennes, fraîches ou décongelées	
15 ml	de beurre	1 c. à soupe
15 ml	d'huile végétale	1 c. à soupe
60 g	d'oignon haché	¼ tasse
60 g	de céleri en brunoise	¼ tasse
3	gousses d'ail hachées	
60 ml	de vin blanc sec	¼ tasse
5 g	de thym citronné ou de zestes de citron	1 c. à thé
10 g	de persil plat, haché	2 c. à thé
1	paquet de pâte à egg rolls ou won ton	
1	blanc d'œuf	
	sel et poivre, au goût	

GARNITURE

16	grosses crevettes, fraîches ou décongelées	
1	échalote sèche, hachée	
1	citron, le jus seulement	
250 ml	de sauce coulis de homard, du commerce	1 tasse
30 ml	de crème à 35 %	2 c. à soupe
15 ml	de beurre	1 c. à soupe
15 ml	d'huile végétale	1 c. à soupe
20	pois mange-tout, préalablement blanchis	
15 ml	d'estragon frais, haché	1 c. à soupe
	sel et poivre, au goût	

Décortiquer les crevettes, les dénerver, puis réserver 16 unités. Saler et poivrer les crevettes restantes. Les faire colorer au beurre et à l'huile à feu vif 2 minutes. Ajouter l'oignon et le céleri, cuire 2 minutes de plus. Ajouter l'ail et déglacer au vin blanc. Ajouter le thym et le persil. Laisser refroidir avant de hacher grossièrement au couteau.

RAVIOLIS

Prendre deux carrés de pâte, déposer au centre de l'un d'eux 15 ml (1 c. à soupe) de farce. Avec un pinceau, badigeonner les pourtours de la pâte de blanc d'œuf. Déposer l'autre carré de pâte sur le dessus. Presser les deux rectangles ensemble pour qu'ils soient bien scellés. Découper à l'emporte-pièce rond.

Cuire les raviolis à l'eau bouillante salée environ 3 minutes. Égoutter et réserver au chaud.

Dans une casserole, réchauffer les pois mange-tout, le coulis de homard et la crème.

Cuire les crevettes à feu vif dans un mélange d'huile et de beurre pendant 4 minutes, en les retournant à mi-cuisson. Ajouter l'échalote sèche. Cuire 30 secondes de plus, retirer la poêle du feu, retirer l'excès de gras. Remettre la poêle sur le feu et déglacer avec jus de citron, à feu vif, 1 minute.

Déposer au fond de chaque assiette cinq raviolis, puis les crevettes. Verser le coulis de homard et parsemer d'estragon.

— RECETTE ORIGINALE / Serge Bruyère

Omble de l'Arctique au beurre

4 PORTIONS

1	omble de 1,2 kg (2 ¾ lb)	
45 ml	d'aneth émincé	3 c. à soupe
180 g	de beurre	6 oz
	jus d'un demi-citron	
	sel et poivre	
	lait	
	farine	

Nettoyer le poisson et le couper en tranches (darnes). Les tremper dans du lait, les égoutter, les passer dans la farine et les saler.

Dans une cocotte, faire fondre la moitié du beurre et dès qu'il est mousseux, y mettre les tranches d'omble. Faire cuire à petit feu les morceaux de poisson pendant 5 à 6 minutes de chaque côté. Réserver au chaud.

Au terme de la cuisson, jeter le beurre qui se trouve dans la cocotte et le remplacer par l'autre moitié. Faire fondre ce beurre et dès qu'il devient mousseux, ajouter le jus d'un demi-citron.

Dresser le poisson sur des assiettes chaudes, arroser de beurre et donner quelques tours de moulin à poivre. Servir aussitôt.

Omble à l'unilatéral,

beurre de noix d'acajou à la coriandre et pommes de terre grelots

4 PORTIONS

720 g	de filets d'omble de l'Articque ou Chevalier	1 lb 8 oz
60 g	de farine d'épeautre	¼ tasse
30 ml	de beurre, divisé	2 c. à soupe
60 ml	d'huile d'olive, divisée	4 c. à soupe
1 ½	citron, le jus seulement	
16	pommes de terre grelots, rouges et blanches	
2	échalotes vertes (ciboules), émincées	
	sel et poivre du moulin, au goût	

BEURRE DE NOIX D'ACAJOU À LA CORIANDRE

250 g	de noix d'acajou non rôties	1 tasse
250 ml	de feuilles de coriandre fraîche, bien lavées	1 tasse
125 ml	d'eau	½ tasse
15 ml	de jus de citron ou de lime	1 c. à soupe
	sel et poivre du moulin, au goût	

Mettre tous les ingrédients du beurre de noix dans le bol d'un mélangeur et actionner l'appareil jusqu'à ce que la pâte ait la texture d'une pommade. Ajouter un peu d'eau, au besoin. Réserver.

Cuire les pommes de terre entières à l'eau bouillante salée, puis les couper en deux. Ajouter le jus de citron, 30 ml (2 c. à soupe) d'huile d'olive et l'échalote verte (ciboule). Assaisonner au goût et réserver.

Couper huit tranches d'omble de 90 g (3 oz) chacune. Saler, poivrer et fariner d'un côté seulement.

Pour cuire l'omble, utiliser deux poêles pour mieux contrôler la cuisson et manipuler avec délicatesse le poisson. Faites fondre beurre et huile dans les poêles. Dès que le beurre mousse, ajouter l'omble du côté fariné. Avec une cuillère, arroser le poisson avec le beurre chaud de la poêle.

Dès que le côté de l'omble qui est dans la poêle est rôti et l'autre rosé, déposer dans quatre assiettes, napper avec un peu de beurre de noix d'acajou et servir immédiatement, accompagné de grelots au citron.

— RECETTE ORIGINALE / Serge Bruyère

Gratin de pamplemousse

4 PORTIONS

3	pamplemousses roses	
45 ml	de crème 35 %	3 c. à soupe
3	jaunes d'œufs	
90 ml	de sucre	6 c. à soupe

Peler à vif tous les pamplemousses (c'est-à-dire en mettant à nu la chair). Prendre un petit couteau très tranchant et découper en quartiers, en suivant les fines membranes de séparation. Faire ce découpage au-dessus d'un bol pour en récupérer le jus. Sucrer les fruits avec la moitié du sucre et réserver au frais.

Dans un bol en acier, mettre les 3 jaunes d'œufs et l'autre moitié du sucre, le jus de pamplemousse que vous avez récupéré et la crème. Mettre ce bol au bain-marie, sur le feu, et fouetter jusqu'à l'obtention d'une pâte mousseuse.

Partager les pamplemousses sur quatre assiettes, napper de cette préparation. Passer sous le gril du four très chaud quelques instants avant de servir.

Crème de pamplemousse à l'eau de rose

4 PORTIONS

2	pamplemousses roses, le jus et le zeste	
180 g	de sucre blanc	¾ tasse
4	œufs	
80 g	de beurre froid	⅓ tasse
15 ml	d'eau de rose	1 c. à soupe
	quelques gouttes de colorant rouge (facultatif)	
	fruits des champs, crème fouettée, menthe ou basilic pour garnir (au goût)	

Couper le beurre en dés et le conserver au froid. Dans la partie supérieure d'un bain-marie, mélanger les trois premiers ingrédients au fouet. Cuire au bain-marie (l'eau ne doit pas bouillir), sans cesser de remuer, en raclant les parois de la casserole. Dès que la crème commence à épaissir, la retirer du feu et y incorporer le beurre froid sans cesser de remuer. Ajouter l'eau de rose et le colorant (facultatif).

Répartir la crème dans quatre petites tasses de verre et réfrigérer environ 4 heures. Au moment de servir, garnir au goût de fraises, framboises, crème fouettée, menthe ou basilic. Accompagner de biscuits sablés.

Tarte aux asperges

6 PORTIONS

400 g	de pâte brisée	14 oz
450 g	d'asperges fraîches, vertes ou blanches	1 lb
45 ml	de beurre	3 c. à soupe
15 ml	de farine	1 c. à soupe
250 ml	de crème 35 %	1 tasse
75 g	de gruyère râpé	3 oz
	sel et poivre fraîchement moulu	
	une pointe de muscade	

Éplucher les asperges, les mettre dans une casserole, recouvrir d'eau et laisser cuire jusqu'à ce qu'elles soient tendres. Ensuite, les couper en tronçons de 13 mm (1 ½ po).

Étendre la pâte brisée, foncer une assiette à tarte et la faire cuire au four à 190 °C (375 °F) pendant une quinzaine de minutes, en ayant soin de couvrir le fond de la tarte de haricots secs pour que la pâte ne se soulève pas pendant la cuisson.

Pendant ce temps, préparer la sauce. Faire fondre le beurre dans une casserole à feu doux. À l'aide d'un fouet, mélanger la farine pendant 2 minutes. Ajouter la crème, la muscade, saler, poivrer et porter à ébullition.

Garnir le fond de la tarte avec les asperges, verser la sauce et ajouter le gruyère râpé.

Gratiner au four à 190 °C (375 °F) pendant une dizaine de minutes. Servir chaud.

Michel Poitras
Voodoo Grill

Chef du Voodoo Grill, après un long séjour dans l'Ouest canadien comme chef et enseignant, Michel Poitras a travaillé de 1989 à 1990 chez Serge Bruyère à titre de poissonnier. « C'était un homme de l'intimité, qui s'ouvrait quand il était seul avec vous. Il était une encyclopédie culinaire vivante et passait beaucoup de temps à expliquer à ses jeunes cuisiniers comment bien faire les choses. Il était aussi toujours disponible et veillait scrupuleusement à ce que chaque nouveau commis de cuisine soit bien accueilli et bien intégré dans sa brigade. » Michel Poitras se souvient d'un homme calme et souriant qui avait une grande autorité naturelle. « On ne lui passait pas deux fois un saumon trop cuit! »

Tatin d'asperges fraîches au Migneron

et son buisson croquant à l'huile de noix

4 PORTIONS

4	cercles de pâte feuilletée de 15 cm de diamètre (6 po)	
24	grosses asperges vertes	
200 g	de fromage Le Migneron, en tranches fines	7 oz
125 ml	d'huile de noix	½ tasse
30 ml	de jus de citron	2 c. à soupe
	sel et poivre, au goût	

Chauffer le four à 190 °C (375 °F). Placer les cercles de pâte sur des tôles à biscuits et les piquer avec une fourchette. Cuire au four jusqu'à ce qu'ils soient dorés (10 à 20 minutes). Réduire la température à 150 °C (300 °F) et cuire 10 minutes supplémentaires. Laisser refroidir à la température de la pièce.

Couper les asperges en deux. Réserver les queues. Couper les têtes en deux ou trois sur la longueur pour faire des tranches très fines. Blanchir 5 secondes à l'eau bouillante salée. Refroidir rapidement pour leur conserver leur couleur, éponger, puis réserver. À l'aide d'une mandoline, émincer très finement les pieds d'asperges à cru. Réserver.

Préchauffer le four à 180 °C (350 °F). Déposer les tranches de Migneron sur les ronds de pâte cuits et refroidis. Disposer ensuite les têtes d'asperges émincées sur le fromage. Cuire 6 minutes.

Entre-temps, mélanger les queues d'asperges crues avec l'huile de noix, le jus de citron, le sel et le poivre. Au sortir du four, répartir cette garniture sur les tartelettes et servir.

RECETTE ORIGINALE / Serge Bruyère

Filets d'aiglefin au concombre

4 PORTIONS

4	filets d'aiglefin	
250 ml	de vin blanc	1 tasse
250 ml	de crème 35 %	1 tasse
1	concombre	
1	tomate	
2	échalotes	
¼	de citron	
	persil	
	sel et poivre	

Couper le concombre en deux, le peler et le tailler en fines lamelles, sur les 4 faces, jusqu'aux premières graines. Le couper ensuite en julienne (en petits bâtonnets).

Hacher l'échalote finement. Peler la tomate et la couper en petits cubes réguliers.

Beurrer un plat, déposer l'échalote, assaisonner les filets et les ranger les uns à côté des autres. Mouiller avec le vin blanc. Couvrir avec du papier ciré, et faire bouillir pendant 5 ou 6 minutes.

Au terme de la cuisson, verser le jus de cuisson du poisson dans une casserole et laisser réduire de trois quarts. Ajouter la crème et amener à ébullition pour réduire de nouveau la sauce. Laisser mijoter jusqu'à ce que la sauce devienne onctueuse et qu'elle nappe facilement vos filets. Assaisonner de sel, de poivre et du jus d'un quart de citron.

Plonger la julienne de concombres dans une casserole d'eau bouillante pendant une minute. Les égoutter et les ajouter à la sauce. Ajouter aussi les cubes de tomates.

Disposer vos filets de poisson sur chaque assiette, les napper avec la sauce et parsemer de petits légumes. Saupoudrer de persil haché et servir aussitôt.

Filet d'aiglefin
et sa salsa multicolore

4 PORTIONS

4	filets d'aiglefin	
250 ml	de vin blanc sec	1 tasse

VINAIGRETTE

30 ml	de ciboulette fraîche, ciselée	2 c. à soupe
15 ml	de coriandre fraîche, hachée	1 c. à soupe
5 ml	de thym frais, haché	1 c. à thé
30 ml	de Mirin (alcool de riz japonais)	2 c. à soupe
15 ml	de vinaigre de riz	1 c. à soupe
75 ml	d'huile d'olive	6 c. à soupe
1	échalote sèche, hachée	

SALSA

1	concombre	
1	tomate fraîche	
1/4	de citron, le jus seulement	
30 ml	d'huile d'olive	2 c. à soupe
	sel et poivre, au goût	

Épépiner le concombre et couper en petits cubes. Peler et épépiner la tomate et couper en petits cubes. Mélanger avec le reste des ingrédients de la salsa et réserver.

Mélanger les ingrédients de la vinaigrette aux herbes. Réserver.

Faire pocher l'aiglefin dans le vin blanc sec, à couvert et à feu doux, de 3 à 5 minutes. Égoutter, puis déposer dans quatre assiettes. Recouvrir de vinaigrette aux herbes, garnir de salsa et servir.

— RECETTE ORIGINALE / Serge Bruyère

Papillotes de truites saumonées à l'ail confit

4 PORTIONS

2	grosses truites saumonées ou 4 petites	
400 g	d'ail	14 oz
100 ml	d'huile d'olive	1/3 tasse
	sel et poivre	

Éplucher les gousses d'ail, les couper en deux dans le sens de la longueur et enlever le germe vert.

Faire chauffer l'huile et la verser hors du feu sur les gousses d'ail. Mélanger à l'aide d'une spatule et laisser confire pendant une heure environ.

Enlever les arêtes et la peau des truites. Sur quatre feuilles d'aluminium, faire un lit d'ail avec la moitié de la préparation que vous aurez déjà partagée en quatre, placer les filets de truite dessus, saler et poivrer. Recouvrir de nouveau avec le restant d'ail. Refermer les papillotes et faire cuire à feu très chaud, 230 / 260 °C (450 / 500 °F), pendant 7 ou 8 minutes.

Servir à la sortie du four tel quel sur des assiettes tièdes.

Filets de truite saumonée et crème d'ail confit,

garniture de haricots verts fins

4 PORTIONS

2	grosses truites saumonées ou 4 petits filets	
24	gousses d'ail	
250 ml	d'huile végétale	1 tasse
225 g	de haricots verts fins	10 oz
4	tranches de saumon fumé	
125 ml	de vin blanc sec	1/2 tasse
250 ml	de crème à 35 %	1 tasse
2	échalotes sèches, hachées	
	sel et poivre, au goût	

Dans une casserole, mettre les gousses d'ail, verser l'huile et chauffer à feu doux jusqu'à frémissement (ne pas faire bouillir). Cuire 6 minutes. Retirer du feu et laisser l'ail confire dans l'huile pendant 1 heure. Retirer les gousses d'ail de l'huile et les peler, sauf 4, pour la garniture.

Entre-temps, blanchir les haricots 2 minutes. Bien refroidir et égoutter, puis assembler en quatre petits paquets. Enrouler chacun dans une tranche de saumon fumé. Réserver au froid.

Dans une casserole, verser la crème, le vin blanc, les échalotes sèches et les gousses d'ail confites et pelées. Laisser réduire le liquide de moitié à feu moyen-vif. Saler et poivrer au goût, puis passer au mélangeur jusqu'à l'obtention d'une crème. Réserver au chaud.

Pocher ou griller les filets de truite, au goût. Répartir la crème d'ail confit dans quatre assiettes. Déposer un filet de truite sur chacune et garnir avec les haricots au saumon fumé et une gousse d'ail confite en chemise.

RECETTE ORIGINALE / Serge Bruyère

Soufflé au chou-fleur

4 PORTIONS

400 g	de chou-fleur	14 oz
100 g	de gruyère râpé	4 oz
4	jaunes d'œufs	
6	blancs d'œufs	
45 g	de beurre	1 ½ oz
	sel, poivre, muscade	

Faire cuire le chou-fleur à l'eau salée pendant 15 minutes. Après la première ébullition, l'égoutter et le passer au mélangeur électrique. Mettre cette purée dans une casserole à feu doux avec une noix de beurre et une pincée de muscade. Vérifier l'assaisonnement. Lorsque le mélange est chaud, ajouter le gruyère et les jaunes d'œufs.

Battre les blancs en neige. Mélanger le quart des blancs à la purée chaude, puis incorporer le reste avec précaution.

Verser la préparation dans des moules beurrés et farinés et cuire au four préalablement chauffé à 220 °C (425 °F) de 7 à 10 minutes.

Note: pour enlever l'excédent de farine dans les moules, les retourner sur la table en tapotant.

Cappuccino Dubarry persillé

et sa mousseuse au gruyère et pancetta

4 PORTIONS

30 g	de beurre	1 oz
100 g	d'oignon haché	3,5 oz
400 g	de chou-fleur, en bouquets	14 oz
750 ml	de bouillon de poulet	3 tasses
1	échalote sèche, hachée	
150 ml	de vin blanc sec	$^{3}/_{5}$ tasse
350 ml	de crème à 35%	1 $^{1}/_{3}$ tasse
45 g	de gruyère râpé	3 c. à soupe
4	tranches fines de pancetta	
15 ml	de persil frais, haché	1 c. à soupe
	sel et poivre, au goût	

Dans une poêle, faire revenir à feu moyen les oignons hachés dans le beurre 3 minutes. Ajouter le chou-fleur, couvrir et cuire de 4 à 5 minutes. Verser le bouillon, couvrir et cuire 30 minutes supplémentaires. Passer au mélangeur, puis réserver au chaud.

Entre-temps, cuire la pancetta au four à micro-ondes, à puissance moyenne, jusqu'à ce qu'elle soit croustillante. Émietter, puis réserver.

Dans une casserole, mettre le vin blanc et l'échalote sèche et laisser réduire de moitié à feu moyen-vif. Ajouter la crème et réduire encore de moitié. Incorporer le gruyère. Hors du feu et à l'aide d'un mélangeur à main (aussi appelé girafe ou plongeur), faire mousser le mélange. Verser le potage au chou-fleur dans des bols, napper de mousseuse au gruyère, puis garnir de pancetta et de persil frais, haché. Servir immédiatement.

Mousse glacée au café

4 PORTIONS

150 ml	de crème 35 %	2/3 tasse
90 ml	de sirop	6 c. à soupe
3	jaunes d'œufs	
30 ml	de liqueur de café	2 c. à soupe
15 ml	de café soluble	1 c. à soupe

Sirop

80 g	de sucre	3 ½ oz
50 ml	d'eau	1 ¾ oz

Faire fondre le sucre dans l'eau jusqu'à ébullition pour en obtenir un sirop. Ajouter la liqueur de café.

Mélanger ce sirop aux jaunes d'œufs et fouetter énergiquement jusqu'à l'obtention d'un mélange blanchâtre. Réserver.

Verser le café soluble dans un bol et 30 ml (2 c. à soupe) de crème; mélanger bien le tout. Verser le reste de la crème fouettée jusqu'à ce qu'elle devienne ferme.

Ensuite, mélanger celle-ci avec les jaunes d'œufs blanchis. Cette opération doit se faire délicatement.

Verser dans de petits moules puis mettre au congélateur pendant au moins 6 heures.

Au moment de servir, démouler dans les assiettes et accompagner de tuiles aux amandes.

Parfait glacé au café et liqueur Bailey's

4 PORTIONS

80 g	de sucre	1/3 tasse
45 ml	d'eau	3 c. à soupe
15 ml	de liqueur de café	1 c. à soupe
15 ml	de Bailey's	1 c. à soupe
3	jaunes d'œuf	
15 ml	de café soluble	1 c. à soupe
125 ml	de crème à 35 %	½ tasse

Préparer le sirop en amenant à ébullition le sucre et l'eau jusqu'à ce que le sucre soit complètement dissous. Ajouter la liqueur de café et le Bailey's. Verser ce sirop sur les jaunes d'œuf en fouettant énergiquement jusqu'à ce que le mélange ait blanchi. Réserver.

Diluer le café soluble dans 30 ml (2 c. à soupe) de crème. Ajouter le reste de la crème et fouetter jusqu'à l'obtention de pics fermes.

Mélanger ensuite délicatement la crème fouettée et le mélange de jaunes d'œufs.

Répartir dans quatre coupes à Martini et congeler de 4 à 6 heures.

Au moment de servir, décorer avec des fruits et une tuile aux amandes.

— RECETTE ORIGINALE / Serge Bruyère

Soupe des pêcheurs

8 PORTIONS

2 l	de fumet de poisson	8 tasses
1	poireau	
1	carotte	
1	branche de céleri	
1	oignon	
½	gousse d'ail	
3	tomates pelées	
60 ml	d'huile d'olive	3 c. à soupe
	quelques brindilles de safran	
	sel et poivre	

Éplucher et laver tous les légumes. Les tailler en fine julienne.

Faire revenir les oignons dans l'huile chaude sans les colorer. Ajouter les légumes et les tomates coupées en morceaux.

Verser le fumet et laisser cuire une dizaine de minutes après ébullition. Saler, poivrer et safraner.

Quelques minutes avant de servir, vous pouvez ajouter plusieurs petits morceaux de poisson. Laisser cuire quelques instants.

Cette soupe peut se servir avec des petits croûtons et de la rouille.

Jean Soulard
Le Château Frontenac

S'il n'a jamais travaillé chez Serge Bruyère, le patron des cuisines du Château Frontenac et premier président de la Fondation Serge-Bruyère a intimement connu et souvent côtoyé Serge Bruyère, puisqu'ils ont travaillé pour le même employeur, la chaîne Hilton, à Québec, à la fin des années 70. Pour Jean Soulard, Serge Bruyère a eu le génie de savoir populariser la nouvelle cuisine des années 80 tout en ayant un sens indéniable du marketing qui l'a conduit à faire de sa table une icône de la gastronomie au Québec. « C'était un cuisinier de talent et son restaurant était superbe. » Il juge son influence importante, notamment au chapitre de la formation des jeunes cuisiniers et de la création d'une véritable équipe de chefs chevronnés, qui continuent d'enrichir la gastronomie québécoise.

Fumet de langoustines au safran

4 PORTIONS

16	langoustines	
30 ml	d'huile d'olive	2 c. à soupe
60 g	de julienne de poireau	2 oz
120 g	de brunoise de carotte et céleri	4 oz
1	gousse d'ail hachée	
60 g	d'oignon haché	2 oz
15 ml	de concentré de tomates	1 c. à soupe
2	tomates pelées, épépinées et coupées en dés	
500 ml	de fumet de poisson	2 tasses
1	pincée de safran	
15 ml	de pastis	1 c. à soupe
	sel et poivre du moulin	

FUMET DE LANGOUSTINES

30 ml	d'huile d'olive	2 c. à soupe
1	petite carotte	
1	petit oignon	
250 ml	de vin blanc sec	1 tasse
250 ml	d'eau	1 tasse
1	petit bouquet garni	
	sel et poivre du moulin	

Décortiquer les langoustines et retirer la veine noire. Réserver la chair et les carapaces.

Préparer le fumet de langoustines: dans une casserole avec de l'huile d'olive, faire revenir les carapaces avec la carotte et l'oignon pelés et coupés en morceaux. Ajouter le vin blanc, l'eau et le bouquet garni. Assaisonner modérément. Laisser mijoter 30 minutes et passer au chinois. Réserver.

Dans une casserole avec de l'huile d'olive, faire suer la julienne de poireau, la brunoise de carotte et céleri, l'ail et l'oignon hachés. Après 2 minutes, ajouter les langoustines et cuire encore 2 minutes de plus. Retirer les langoustines et garder au chaud. Ajouter le concentré de tomates et les tomates en dés, le fumet de langoustines, le fumet de poisson et la pincée de safran. Laisser mijoter 10 minutes.

En fin de cuisson, ajouter le pastis.

Dans une assiette creuse, verser le fumet. Ajouter les langoustines et servir bien chaud.

RECETTE ORIGINALE / Serge Bruyère

Ris de veau aux endives

4 PORTIONS

1 kg	de ris de veau	2 lb
50 g	de beurre	2 oz
350 g	d'oignon	12 oz
150 g	de blancs de poireaux	5 oz
2	tomates fraîches concassées	
50 ml	de madère	¼ tasse
400 ml	de fond de volaille	1 ⅔ tasse
200 ml	de crème 35 %	¾ tasse
500 ml	d'endives fraîches	1 lb
	sel et poivre	

Mettre les ris de veau à dégorger dans un récipient, en renouvelant l'eau 4 ou 5 fois, c'est-à-dire les faire tremper dans l'eau froide pendant 2 à 4 heures, afin qu'ils deviennent très blancs.

Pendant ce temps, éplucher et tailler en petits dés de 1 cm (½ po) de côté les carottes, l'oignon et les blancs de poireaux qui serviront pour la garniture ainsi que les tomates concassées.

Débarrasser les ris de veau de leurs parties nerveuses et cartilagineuses, c'est-à-dire rejeter la petite peau qui enveloppe les ris.

Faire chauffer les 50 g (2 oz) de beurre dans une grande cocotte. Y déposer les ris de veau assaisonnés de sel et poivre fraîchement moulu. Les faire colorer doucement sur toutes leurs faces pendant 10 minutes. Ajouter les légumes de la garniture.

Verser les 50 ml (¼ tasse) de madère, les 400 ml (1 ⅔ tasse) de fond de volaille. Laisser bouillir doucement avec un couvercle pendant 20 à 30 minutes selon la grosseur des ris. Une dizaine de minutes avant la fin de la cuisson, émincer les endives et les ranger tout autour des ris de veau.

La cuisson étant terminée, sortir d'abord les ris que l'on réservera entre deux assiettes chaudes, puis les légumes que l'on gardera au chaud aussi.

Verser la crème et laisser réduire en bouillant pendant une dizaine de minutes jusqu'à l'obtention d'une sauce onctueuse. Rectifier l'assaisonnement s'il y a lieu.

Partager les légumes sur quatre assiettes, disposer les ris de veau sur le tout et napper de sauce. Servir aussitôt.

Ris de veau glacés au sirop d'érable,

fenouil au curcuma et petites tomates

4 PORTIONS

600 g	de ris de veau	1 lb 5 oz
60 g	de farine tout usage	2 oz
30 ml	d'huile d'olive	2 c. à soupe
30 g	d'échalotes sèches, hachées	2 c. à soupe
15 ml	de vinaigre de vin	1 c. à soupe
60 ml	de sirop d'érable	¼ tasse
250 ml	de fond de veau	1 tasse
5 g	de gingembre haché	1 c. à thé
	sel et poivre du moulin	
	sucre d'érable pour décorer	

FENOUIL AU CURCUMA

2	bulbes de fenouil coupés en brunoise	
30 ml	d'huile d'olive	2 c. à soupe
5 g	de curcuma	1 c. à thé
	fleur de sel et poivre du moulin	
8	tomates cerises rouges	

FENOUIL AU CURCUMA

Dans une poêle avec un filet d'huile, sauter à feu doux la brunoise de fenouil. Ajouter le curcuma, la fleur de sel et le poivre. Réserver au chaud.

Blanchir les ris de veau 10 minutes dans l'eau bouillante. Rafraîchir sous l'eau froide. Éliminer la peau et les petits nerfs des ris de veau et les trancher en escalopes. Fariner les ris de veau très légèrement. Dans une poêle antiadhésive avec un filet d'huile, faire dorer les escalopes de chaque côté. Retirer de la poêle et garder au chaud.

Dans la même poêle, ajouter les échalotes hachées. Déglacer avec le vinaigre de vin et ajouter le sirop d'érable. Laisser caraméliser légèrement. Ajouter le fond de veau et le gingembre. Laisser réduire. Vérifier l'assaisonnement.

Faire une incision en forme de croix au-dessus des tomates cerises. Y verser ensuite un filet d'huile d'olive. Saler, poivrer et enfourner 5 minutes à 180 °C (350 °F).

Dresser en plaçant d'abord le fenouil au curcuma dans le fond de l'assiette. Y déposer les escalopes de ris de veau et verser la sauce autour. Ajouter les tomates cerises et décorer avec du sucre d'érable.

RECETTE ORIGINALE / Serge Bruyère

Feuilleté de langoustines à la tomate fraîche

4 PORTIONS

250 g	de pâte feuilletée	9 oz
5	tomates moyennes	
200 g	d'épinards en branches	7 oz
24	langoustines	
300 ml	de vin blanc	1 ¼ tasse
1	échalote hachée	
300 g	de beurre	14 oz
	sel et poivre au goût	
½	oignon	
1	gousse d'ail	
1	feuille de laurier	
1	jaune d'œuf	
1	noix de beurre	

Les tomates

Plonger les tomates dans l'eau bouillante pour enlever la peau. Les couper en deux, les épépiner et les concasser. Faire fondre le beurre dans une sauteuse et faire dorer légèrement l'oignon haché. Ajouter les morceaux de tomates, l'ail haché, la feuille de laurier. Saler et poivrer. Faire mijoter 8 à 10 minutes. Réserver.

Les feuilletés

Badigeonner au pinceau les carrés de pâte feuilletée avec le jaune d'œuf. Les faire lever environ 15 minutes dans un four préchauffé à 190 °C (375 °F).

Les langoustines

Mettre le vin blanc dans une casserole avec l'échalote hachée. Saler et poivrer. Porter à ébullition.

Plonger les langoustines une à une dans le vin blanc et les cuire 30 secondes de chaque côté. Les retirer et les réserver.

Poursuivre l'ébullition du vin blanc. Jeter les morceaux de beurre très froid dans celui-ci et fouetter pour que le mélange épaississe.

Parfumer, si désiré, d'un filet de citron. Réserver au chaud.

Dans une casserole, faire fondre une noix de beurre, y jeter les épinards et laisser cuire de 2 à 3 minutes. Saler et poivrer.

Montage des feuilletés

Découper un couvercle à vos feuilletés et déposer l'autre partie dans le fond des assiettes. Disposer les épinards tout autour de ceux-ci. Remplir l'intérieur de tomates. Poser les langoustines dessus. Napper le tout de sauce. Coiffer avec l'autre partie du feuilleté et servir aussitôt.

Langoustines à la vanille

et pétales de fleurs

4 PORTIONS

16	langoustines	
1	gousse de vanille	
240 g	d'épinards	8 oz
60 ml	d'huile d'olive	¼ tasse
125 ml	de vin blanc	½ tasse
	sel et poivre du moulin	
	pétales de fleurs comestibles pour décorer	

FUMET DE LANGOUSTINES

1	carotte	
1	oignon	
½	poireau	
60 ml	d'huile d'olive	¼ tasse
1 l	d'eau	4 tasses
1	bouquet garni	
	sel et poivre du moulin	

Décortiquer les langoustines à l'aide d'un ciseau et retirer la veine noire.

Préparer le fumet de langoustines: peler la carotte et l'oignon et les couper en morceaux. Faire de même avec le poireau. Faire chauffer l'huile dans une casserole, puis y déposer les carapaces de langoustines. Ajouter les légumes dans la casserole et faire revenir de 3 à 4 minutes. Ajouter l'eau et le bouquet garni, saler et poivrer. Porter à ébullition et laisser frémir 30 minutes afin d'obtenir ¼ de litre (1 tasse) de fumet. Passer au chinois.

Fendre la gousse de vanille en deux dans le sens de la longueur. Avec la pointe d'un couteau, racler l'intérieur pour prélever les graines.

Équeuter, laver et égoutter les épinards. Dans une poêle avec un peu d'huile d'olive, les faire tomber. Saler, poivrer et réserver au chaud.

Faire cuire rapidement les langoustines dans une poêle avec un peu d'huile d'olive 1 à 2 minutes, selon leur grosseur, afin de les colorer sans trop les cuire. Saler, poivrer et réserver au chaud.

À feu vif, déglacer la poêle avec le vin blanc. Mouiller avec le fumet de langoustines et faire réduire afin d'obtenir 125 ml (½ tasse) de sauce. Ajouter la vanille et, à l'aide d'un mélangeur à main (aussi appelé plongeur ou pied mélangeur), incorporer en filet 45 ml (3 c. à soupe) d'huile d'olive. Rectifier l'assaisonnement.

Pour dresser, mettre les épinards dans le fond d'une assiette et y déposer les langoustines. Verser la sauce et terminer en décorant avec les pétales de fleurs.

— RECETTE ORIGINALE / Serge Bruyère

Gâteau d'aubergines

4 PORTIONS

3	aubergines	
125 ml	de lait	½ tasse
3	œufs	
	sel et poivre	

Peler, trancher et saler les aubergines et les laisser dégorger pendant une heure sur un papier absorbant.

Les faire dorer dans l'huile bouillante à couvert pour éviter qu'elles ne se dessèchent. Les égoutter soigneusement et les passer au mélangeur électrique avec le lait, les œufs, le sel et le poivre.

Verser la préparation dans un moule beurré et faire cuire au bain-marie, au four chauffé à 190 °C (375 °F), pendant 45 minutes.

Démouler, napper le gâteau d'un coulis de tomates. Servir très chaud.

Tarte à l'aubergine

4 PORTIONS

4	petites aubergines	
125 ml	d'huile d'olive	½ tasse
1	gousse d'ail hachée	
30 g	d'échalote sèche, hachée	2 c. à soupe
3	tomates pelées, épépinées et coupées en dés	
2	œufs	
15 g	de persil haché	1 c. à soupe
15 g	de basilic haché	1 c. à soupe
	sel et poivre, au goût	

Confectionner les tartes en coupant deux aubergines en deux. Verser de l'huile d'olive sur chaque moitié et cuire au four à 180 °C (350 °F) jusqu'à ce que la chair soit tendre. Sortir du four.

Retirer la chair à l'aide d'une cuillère et la passer au mélangeur, de manière à obtenir une purée. Réserver.

Tailler les deux autres aubergines en rondelles et les faire sauter dans une poêle avec de l'huile d'olive pour dorer. Réserver. Dans la même poêle, faire revenir l'ail et l'échalote. Ajouter les tomates en dés. Laisser mijoter jusqu'à évaporation du jus de cuisson. Ajouter la purée d'aubergine, le persil et le basilic et mélanger.

Vérifier l'assaisonnement. Laisser refroidir et ajouter deux œufs battus. Mélanger.

Dans le fond de quatre moules ronds de 7 à 10 cm (3 à 4 po), étendre les tranches d'aubergines sautées. Remplir avec la farce. Cuire au four à 180 °C (350 °F) 15 minutes. Démouler et servir.

Crème glacée au miel

4 PORTIONS

1 l	de lait	4 tasses
200 g	de miel	7 oz
300 g	de sucre	10 oz
12	jaunes d'œufs	
⅓ l	de crème 35 %	1 ⅓ tasse

Faire bouillir le lait et y mélanger le miel. Retirer du feu. Mélanger ensemble le sucre et les jaunes d'œufs et battre jusqu'à consistance d'un ruban.

Ajouter cette préparation au lait et miel chauds et faire cuire sur feu doux, en prenant soin de remuer constamment, jusqu'à ce que le mélange épaississe (c'est-à-dire qu'il nappe bien la spatule).

Retirer la casserole du feu, incorporer la crème 35 % et laisser refroidir. Mettre dans une sorbetière. Faire tourner pendant une vingtaine de minutes ou jusqu'à ce que le mélange épaississe.

Feuilles amandines,
lait glacé au café

4 PORTIONS

4	feuilles de pâte filo	
30 g	de beurre doux clarifié	1 oz
120 g	d'amandes effilées	4 oz
120 g	de marmelade à l'orange	4 oz

LAIT GLACÉ

500 ml	de lait	2 tasses
60 ml	de café espresso ou d'extrait de café	¼ tasse
5	jaunes d'œufs	
90 g	de sucre blanc	3 oz

Préparer le lait glacé: mélanger le lait et le café dans une casserole. Porter à ébullition. Dans un bol, mélanger les jaunes d'œufs et le sucre. Fouetter au malaxeur jusqu'à ce qu'ils blanchissent et forment un ruban. Verser le lait sur ce mélange. Remettre le tout dans une casserole et faire chauffer à feu doux, en remuant avec une cuillère de bois, jusqu'à ce que la crème devienne onctueuse (la température ne devrait pas dépasser 85 °C (180 °F). Ne pas bouillir. Retirer du feu et verser dans un bol. Laisser refroidir et transférer dans une sorbetière afin de donner de la consistance au mélange. Conserver au congélateur.

Préparer les feuilles amandines: superposer deux feuilles de pâte filo. À l'aide d'un pinceau, étendre le beurre fondu. Renouveler l'opération avec deux autres feuilles. Découper 12 rectangles de 10 cm x 6 cm (4 po x 2½ po) et déposer sur une plaque à pâtisserie. Y étendre les amandes effilées et cuire au four à 200 °C (400 °F) jusqu'à l'obtention d'une coloration dorée (environ 5 minutes).

Dresser en plaçant au fond de chaque assiette un rectangle de pâte filo. Y déposer une petite quenelle de lait glacé au café. Renouveler l'opération et terminer avec un rectangle de pâte filo. Parsemer autour d'amandes effilées grillées et de marmelade à l'orange. Servir aussitôt.

Crème de pétoncles

4 PORTIONS

400 g	de pétoncles	14 oz
125 ml	de vin blanc	½ tasse
250 ml	de fumet de poisson	1 tasse
30 ml	de crème 35 %	2 c. à soupe
250 ml	de crème 35 %	1 tasse
2	jaunes d'œufs	
1	échalote, hachée	
	ciboulette, sel et poivre	

Mettre dans une grande sauteuse le vin blanc, le fumet de poisson, l'échalote hachée et une pincée de sel.

À la première ébullition, mettre la moitié des pétoncles et les laisser cuire 3 ou 4 minutes. Les retirer à l'aide d'une écumoire et réserver. Faire reprendre l'ébullition et recommencer l'opération.

Mélanger les 2 jaunes d'œufs avec 30 ml (2 c. à soupe) de crème 35 % dans une tasse, réserver.

Verser la crème dans le bouillon de cuisson des pétoncles réduit de moitié; faire bouillir pendant 3 ou 4 minutes.

Hors du feu, incorporer graduellement les jaunes d'œufs dans la casserole en fouettant énergiquement.

Répartir les pétoncles coupés dans chaque assiette et verser le liquide. Parsemer de ciboulette hachée et donner 2 ou 3 tours de moulin à poivre sur le tout.

Daniel Vézina
Laurie Raphaël

Au service de Serge Bruyère pendant près de trois ans, avant d'aller ouvrir le Laurie Raphaël en 1991, Daniel Vézina n'a que des bons mots pour celui qui lui a confié le poste de sous-chef de À la Table de Serge Bruyère. « Sa cuisine était moderne parce qu'elle était simple et qu'elle reposait sur la fraîcheur et la qualité irréprochable des produits, qui n'étaient pas masqués par toutes sortes de préparations. C'est son apport le plus considérable à la gastronomie québécoise, en plus d'avoir permis à de nombreux talents d'émerger. » Par son approche axée sur la formation continue de ses cuisiniers et son amour des produits régionaux, Daniel Vézina a toujours été considéré comme un digne successeur de Serge Bruyère.

Velouté de pétoncles coquilles façon « poulette » aux topinambours, parfumé à l'huile de bolet

4 PORTIONS

15 ml	de beurre clarifié	1 c. à soupe
30 ml	d'échalote française hachée	2 c. à soupe
125 ml	de vin blanc sec	½ tasse
250 ml	de fumet de poisson	1 tasse
24	pétoncles coquilles Pec Nord n° 1	
	sel et poivre, au goût	
250 ml	de crème à 35 %	1 tasse

TOPINAMBOURS

½ kg	de topinambours	1 lb
500 ml	de lait biologique	2 tasses

FINITION

125 ml	de lait, pour faire mousser la préparation	½ tasse
	quelques gouttes d'huile de bolet de François Brouillard (facultatif)	
	poivre du moulin, pour garnir	
	ciboulette hachée, pour garnir	

Nettoyer les pétoncles en les brossant sous l'eau froide. Dans une sauteuse, faire revenir l'échalote hachée dans le beurre clarifié. Mouiller avec le vin blanc et le fumet de poisson. Amener à ébullition à feu moyen.

À la première ébullition, ajouter la moitié des pétoncles et cuire 3 à 4 minutes. Les coquilles vont ouvrir comme des moules. Les retirer à l'aide d'une écumoire et réserver.

Décortiquer les pétoncles et les déposer sur la coquille inférieure creuse. Faire reprendre l'ébullition et recommencer l'opération pour les 12 autres pétoncles.

Verser la crème dans le bouillon de cuisson des pétoncles et réduire de moitié, à feu moyen-vif.

TOPINAMBOURS

Éplucher les topinambours et les émincer finement à l'aide d'une mandoline.

Les cuire 15 minutes dans le lait à douce ébullition. Saler et poivrer, au goût. Une fois cuits, les passer au mélangeur.

Verser cette crème de topinambours dans le bouillon.

Préchauffer le four à 180 °C (350 °F). Répartir les pétoncles dans des assiettes creuses et les mettre au four quelques minutes pour les réchauffer.

Entre-temps, à l'aide du mélangeur à main, émulsionner le velouté de pétoncles aux topinambours avec quelques gouttes d'huile de bolet. Verser le liquide bouillant dans les demi-coquilles. Parsemer de ciboulette hachée et donner 2 à 3 tours de moulin à poivre sur le tout.

RECETTE ORIGINALE / Serge Bruyère

Rillettes de lapin au poivre vert

6 À 8 PORTIONS

1	lapin moyen	
200 g	de carottes	7 oz
50 g	de beurre	2 oz
½	oignon	
3	pommes	
½	branche de céleri	
1	gousse d'ail	
250 ml	de vin blanc	1 tasse
	calvados	
100 g	de beurre	4 oz
25	grains de poivre vert	

Désosser le lapin et le couper en petits morceaux. Éplucher tous les légumes et les couper en morceaux.

Dans une sauteuse, mettre à fondre 50 g (2 oz) de beurre à feu moyen. Faire colorer les morceaux de lapin. Ajouter les légumes tranchés et les feuilles de laurier et faire cuire pendant 10 minutes.

Flamber au calvados, verser le vin blanc, couvrir et laisser cuire au four pendant une heure à 200 °C (400 °F).

Une fois le lapin cuit, sortir alors la casserole du four. Égoutter à travers une passoire pour en recueillir le jus. Faire réduire de moitié celui-ci et ajouter les 100 g (4 oz) de beurre.

Passer les morceaux de lapin et légumes au mélangeur, mais pas trop longtemps (2 à 4 tours). Verser dans un saladier et incorporer les grains de poivre vert et le liquide. Vérifier l'assaisonnement. Mouler et garder au réfrigérateur.

Servir avec de la gelée de lapin.

Agar-agar de lapin façon «pressée»

avec pommes Golden, foie gras et champignons shiitake

6 À 8 PORTIONS

LAPIN

1	lapin moyen	
1	carotte	
1	oignon	
½	branche de céleri	
50 g	de beurre	2 oz
2	feuilles de laurier	
1	branche de thym frais	
1	gousse d'ail	
250 ml	de vin blanc	1 tasse
30 ml	de calvados	2 c. à soupe
100 g	de beurre clarifié, divisé pour faire sauter	4 oz

AGAR-AGAR DE LAPIN

2,5 g	d'agar-agar	½ c. à thé
500 ml	de jus de lapin	2 tasses
	sel et poivre, au goût	

PRESSÉ

4	pommes Golden délicieuses	
200 g	de foie gras de canard	7 oz
24	champignons shiitake	
	la chair de lapin avec le jus de lapin réduit	
	sel et poivre, au goût	

FOND DE LAPIN

Désosser le lapin, couper la chair en morceaux et concasser les os. Dans un faitout, caraméliser les os de lapin dans du beurre clarifié.

Éplucher tous les légumes et les couper en mirepoix. Ajouter les légumes aux os. Ajouter les herbes et les gousses d'ail. Faire rissoler pendant 10 minutes.

Flamber au calvados, verser le vin blanc et ajouter un litre d'eau et les 500 ml (2 tasses) de fond de veau. Couvrir et laisser cuire 1 heure à faible ébullition. Filtrer le jus. Assaisonner.

LAPIN

Dans une sauteuse, chauffer le beurre clarifié et saisir la chair de lapin de manière à bien la caraméliser. Mouiller avec le fond de lapin et cuire à faible ébullition 1 heure avec un couvercle. Une fois le lapin cuit, passer au tamis pour en recueillir le jus. Mettre la chair dans un saladier.

Faire réduire le liquide ou rajouter du fond pour obtenir 500 ml (2 tasses) de bouillon réduit. Réserver pour la finale.

MONTAGE DU PRESSÉ DE LAPIN À L'AGAR-AGAR

Éplucher et épépiner les pommes et les couper en quartiers.

Faire chauffer une sauteuse et y faire revenir les pommes dans du beurre clarifié. Assaisonner.

Couper les queues de shiitake et les faire poêler de la même façon, assaisonner.

Couper le foie gras en cubes, assaisonner et faire saisir dans une poêle chaude. Égoutter sur un papier absorbant.

Dans une terrine en fonte émaillée de type « Le Creuset », alterner une couche de pommes, de shiitake et de foie gras. Faire chauffer légèrement le bouillon gélifié à l'agar-agar et en verser un peu dans la terrine. Mélanger la chair de lapin avec un peu de jus et placer la moitié de la chair dans la terrine.

Recommencer l'opération avec pommes, shiitake, foie gras et chair de lapin en versant un peu de jus de lapin toujours tiède, car l'agar-agar fige à 37 °C (125 °F). Terminer la terrine avec pommes et shiitake et verser le reste du jus sur le dessus.

Vous pouvez déposer une plaque de plastique et un léger poids sur le dessus afin d'empêcher les ingrédients de flotter sur le dessus. Placer la terrine au frigo de 4 à 6 heures.

Démouler la terrine et faire de belles tranches de ½ po (2 cm) d'épaisseur et les déposer debout sur les assiettes.

Accompagner de la délicieuse confiture d'oignons au cassis de Serge Bruyère (voir p. 42).

Note: Les préparations gélifiées à l'agar-agar donnent la possibilité de servir la terrine tiède sans que la gélatine fonde. On dépose les tranches de terrine sur une plaque au four à 150 °C (300 °F), quelques minutes pour tiédir la préparation.

— RECETTE ORIGINALE / Serge Bruyère

Cailles aux gousses d'ail à la crème

2 PORTIONS

4	cailles d'élevage	
1	tête d'ail	
20 g	de beurre	1 ½ c. à soupe
10 g	de mousse de foie gras	2 c. à thé
30 ml	de brandy	2 c. à soupe
125 ml	de fond de volaille	½ tasse
	sel et poivre	

Brider les cailles en repliant les pattes sur le ventre et en les fixant avec du fil à coudre. Les assaisonner de sel et de poivre.

Détacher les gousses d'ail sans retirer la peau.

Écraser la mousse de foie à l'aide d'une fourchette pour en obtenir une pommade lisse.

Chauffer le beurre dans une sauteuse, y ranger les cailles et les faire colorer doucement en les retournant sur toutes les faces.

Les entourer de gousses d'ail, les enfourner dans un four préalablement chauffé à 220 °C (425 °F) et les laisser cuire 15 minutes en les arrosant souvent avec le jus de la cuisson.

Au terme de la cuisson, les réserver au tiède.

Dans la même casserole, déglacer avec le cognac et le fond de volaille. Mélanger la mousse de foie au liquide et laisser bouillir quelques minutes.

Enlever le fil des cailles. Les couper en deux et les mettre à mijoter dans la sauce 2 ou 3 minutes. Disposer les cailles, dans deux assiettes, les gousses d'ail tout autour et napper de sauce.

Servir aussitôt.

Suprêmes et cuisses de caille à l'émulsion de foie gras frais

4 PORTIONS

4	cailles d'élevage de la ferme Kégo Cailles (extra jumbo)	
30 ml	de beurre clarifié	2 c. à soupe
	Les carcasses de cailles concassées	
1	tête d'ail	
30 ml	d'échalote française hachée	2 c. à soupe
30 ml	de cognac	2 c. à soupe
250 ml	de vin blanc sec	1 tasse
250 ml	de fond de veau	1 tasse
30 g	de terrine de foie gras	1 oz
	sel et poivre, au goût	

Couper les cuisses de caille et séparer les suprêmes. Les réserver. Couper le bout des ailes et gratter l'os pour une jolie présentation.

Détacher les gousses d'ail sans retirer la peau. Chauffer le beurre dans une sauteuse, y placer les suprêmes et les cuisses assaisonnées et bien les rôtir sur toutes les faces. Déposer sur une tôle pour terminer la cuisson.

Dans la même sauteuse, faire colorer les os des cailles à feu doux avec les gousses d'ail en les retournant sur toutes les faces.

Retirer le gras de cuisson et flamber avec le cognac. Ajouter le vin blanc et le fond brun de veau. Cuire 30 minutes à découvert. Retirer les gousses d'ail et extraire la pulpe à l'intérieur en la réservant pour la crème d'ail.

Filtrer la sauce dans une plus petite casserole, ajouter le foie gras en petite quantité et émulsionner avec le pied mélangeur.

CRÈME D'AIL

Dans une sauteuse, faire revenir l'échalote dans le beurre quelques minutes à feu moyen, puis ajouter le vin blanc. Laisser réduire de moitié et ajouter la crème et la purée d'ail cuite. Assaisonner et mixer au mélangeur avec un peu de lait pour faire mousser.

Disposer les cailles et les suprêmes dans les assiettes, verser la sauce au foie gras autour et ajouter quelques cuillères à soupe de crème d'ail. Décorer avec de la fleur d'ail.

Côtelettes de porc, sauce coulis de tomates à la menthe

2 PORTIONS

2	côtelettes de porc de 180 g (6 oz)	
10 g	de beurre	½ oz
	sel et poivre	
	coulis de tomate	

Enlever l'excédent de graisse autour des côtelettes. Les assaisonner de sel et poivre.

Dans une sauteuse, faire chauffer le beurre à feu moyen, ranger les côtelettes, l'une à côté de l'autre. Cuire pendant 5 minutes sur une face, les retourner et les laisser cuire de nouveau 5 minutes. Baisser le feu et continuer la cuisson doucement pendant 15 minutes.

Lorsqu'elles sont cuites, les disposer sur une assiette. Napper de sauce tomate à laquelle on aura ajouté quelques feuilles de menthe fraîche.

Servir avec un riz pilaf.

Carré de porcelet de la Ferme Gaspor,

mousseuse de bacon « façon Serge Bruyère »

6 PORTIONS

2	carrés de porcelet de la ferme Gaspor	
	sel et poivre du moulin, au goût	
45 ml	de beurre clarifié	3 c. à soupe
30 ml	de beurre demi-sel, en pommade	2 c. à soupe

JUS DE PORCELET

454 g	les os et parure des carrés de porcelet	1 lb
15 ml	de beurre clarifié	1 c. à soupe
30 ml	d'échalotes françaises hachées	2 c. à soupe
250 ml	de vin blanc sec	1 tasse
250 ml	d'eau	1 tasse
500 ml	de fond de veau	2 tasses

CRÈME DE BACON

100 g	de lard fumé (acheter un morceau de bacon non tranché)	3 oz
15 ml	de beurre clarifié	1 c. à soupe
1	branche de thym frais	
4	feuilles de laurier frais	
2	têtes d'ail	
60 ml	de vin blanc sec	¼ tasse
250 ml	de crème fraîche	1 tasse
250 ml	de lait	1 tasse
250 ml	de jus de porcelet	1 tasse

CARRÉ DE PORC

Retirer le gras recouvrant les carrés de porcelet. Scier l'os de l'échine, s'il y a lieu, avec une scie à boucherie (ou une petite scie à fer domestique). Retourner le carré. À l'aide d'un couteau à désosser, faire une incision au milieu de chaque os, en commençant près de la partie charnue et en allant vers l'extrémité des côtes. Gratter ensuite chaque os avec le couteau. Avec les doigts, appuyer entre les côtes afin de dégager la chair sur les os. Couper l'excédent avec le couteau, puis appuyer de nouveau entre les côtes pour égaliser la chair restante. Conserver l'excédent des parures et concasser les os restants pour la sauce. Peler partiellement la partie supérieure du carré et le ficeler entre les côtes.

Note: Toutes ces étapes peuvent être faites par le boucher, en lui demandant de conserver les os pour la sauce.

Préchauffer le four à 180 °C (350 °F). Assaisonner les carrés. Dans une poêle, les rôtir dans le beurre clarifié. Poursuivre avec le beurre frais jusqu'à ce qu'ils soient bien colorés. Mettre au four une quinzaine de minutes afin de terminer la cuisson.

JUS DE PORCELET

Dans une sauteuse, saisir les parures et les os restants avec le beurre clarifié.

Une fois bien colorés, jeter le gras de cuisson et poursuivre la cuisson quelques minutes, en ajoutant l'échalote hachée. Déglacer à feu moyen-vif avec le vin blanc et le fond de veau. Ajouter 250 ml (1 tasse) d'eau, si nécessaire.

Incorporer le thym et laurier, assaisonner et laisser réduire jusqu'à consistance d'un jus. Passer au chinois.

MOUSSEUSE DE BACON

Couper le morceau de lard fumé en cubes (lardons). Faire chauffer un peu de beurre dans une casserole et y rissoler les lardons à feu moyen.

Défaire les têtes d'ail en gousses et les ajouter aux lardons avec le thym et les feuilles de laurier. Faire revenir quelques minutes, puis déglacer avec le vin blanc.

Ajouter la crème et le lait et cuire doucement jusqu'à ce que les gousses soient cuites. Retirer les gousses d'ail et en extraire la pulpe. Ajouter cette pulpe à la crème, avec 125 ml (½ tasse) de jus de porcelet. Passer au mélangeur.

Émulsionner à l'aide d'un mélangeur à main pour faire mousser la préparation.

Trancher 3 belles côtes de porcelet par portion. Retirer une fine tranche du dessous afin qu'elles se tiennent debout. Les déposer dans des assiettes chaudes. Napper les côtes de mousseuse de bacon et verser le jus de porcelet autour.

J'adore accompagner ce plat d'oignon Cipollini caramélisés et de morilles fraîches poêlées.

Note: Serge adorait les morilles, il en servait régulièrement avec son filet de porc à la crème de bacon. En guise de garniture, humecter un bouquet de tatsoy d'une vinaigrette maison, et le faire tenir entre deux côtes de porcelet. Servir aussitôt.

Pain aux bananes

6 À 8 PORTIONS

225 g	de bananes pelées	8 oz
225 g	de sucre	8 oz
225 g	de farine	8 oz
2	œufs	
60 ml	d'huile	2 oz
120 ml	de lait	4 oz
15 g	de bicarbonate de soude	¾ oz
1	pincée de sel	

Choisir des bananes très mûres (la peau noire) pour obtenir une saveur plus prononcée, les passer au mélangeur pendant une minute avec le sucre, le bicarbonate et le sel.

Mettre dans votre bol malaxeur, à petite vitesse, la farine et les deux œufs l'un après l'autre. Terminer en ajoutant l'huile et le lait. Incorporer la purée de bananes. Verser la pâte dans un moule à gâteau, beurré et chemisé avec du papier ciré.

Laisser cuire deux heures et demie dans un four préchauffé à 140 °C (275 °F) sur la grille du milieu.

Déconstruction de pain aux bananes

6 À 8 PORTIONS

225 g	de bananes biologiques, pelées	½ lb
225 g	de sucre	½ lb
7 g	de bicarbonate de soude	1 ½ c. à thé
1	pincée de sel	
225 g	de farine tout usage	½ lb
2	œufs	
60 ml	d'huile végétale	¼ tasse
125 ml	de lait	½ tasse
250 ml	de crème à 35 %	1 tasse
1	œuf	
250 ml	de blanc d'œuf	1 tasse

Préchauffer le four à 135 °C (275 °F). Passer les bananes au mélangeur avec le sucre, le bicarbonate de soude et la pincée de sel.

Dans le bol du malaxeur, ajouter la farine et les deux œufs, un à un, et battre à petite vitesse.

Terminer en ajoutant l'huile et le lait. Incorporer ensuite le mélange de purée de bananes.

Verser la pâte dans un moule à gâteau beurré et chemiser avec un papier ciré.

Laisser cuire 2 heures et demie sur la grille du milieu.

Démouler le pain et le laisser refroidir.

Couper le gâteau en petits morceaux et le mettre dans le bol du robot, avec la crème et l'œuf. Bien mélanger jusqu'à ce que le mélange soit lisse. Verser dans un grand bol.

Monter les blancs en neige et les incorporer au mélange précédent.

Préchauffer le four à 135 °C (275 °F). Verser le mélange dans un moule rectangulaire de 12 cm x 25 cm (9 po x 12 po), beurré.

Cuire au centre du four 30 minutes. Réserver à la température ambiante.

Couper le pain en portions de 5 x 7,5 cm (2 po x 3 po) et le servir tiède avec un caramel écossais (butterscotch), une ganache de chocolat et une chip de banane plantain, si désiré, ou accompagner d'une glace caramel et banane.

Salade de poireaux crus au saumon fumé

4 PORTIONS

8	fines tranches de saumon fumé	
1	avocat mûr	
1	poireau	
4	champignons	
200 g	d'épinards en feuilles	7 oz
50 ml	de vinaigrette	¼ tasse
	quelques feuilles d'estragon	
1	tomate concassée et épépinée	

Éplucher l'avocat et le tailler en petits bâtonnets. Laver et tailler le poireau en fines lanières. Laver et émincer les champignons. Laver et équeuter les épinards.

Dans un saladier, mélanger délicatement tomate, poireau, avocat, champignons et estragon. Ajouter la vinaigrette.

Répartir sur quatre assiettes froides, les feuilles d'épinards légèrement assaisonnées et la préparation de tomate, poireau, avocat, champignons et estragon. Pour finir, disposer deux fines tranches de saumon fumé, découpées en lamelles et formant des losanges. Servir aussitôt.

Éric Villain
Café du Clocher Penché

Né dans le Poitou et cofondateur de la Fondation Serge-Bruyère, il est aussi enseignant à l'École hôtelière de la Capitale et chef copropriétaire du Café du Clocher Penché. Entré comme chef de partie aux poissons en mars 1993 À la Table de Serge Bruyère, qu'il quittera en 1996, il regrette de ne pas avoir pu travailler plus de 18 mois aux côtés de ce chef qui a amené le Québec dans la modernité gastronomique. « Il était d'une grande rigueur. Il faisait toujours sa propre mise en place et tenait son poste aux viandes, malgré la maladie. C'est une fierté d'appartenir à une confrérie qui a eu pour modèle Serge Bruyère. Il ne faut pas qu'il soit mort pour rien. C'est pourquoi, à la Fondation, nous tentons de perpétuer son message à propos de l'importance du travail bien fait, de l'encouragement de la relève et du respect du produit. »

Verrines au poireau et saumon fumé

4 PORTIONS OU PETITS VERRES

200 g	de saumon fumé non tranché, en petits cubes	7 oz
2	avocats bien mûrs	
1	citron vert, le jus seulement	
1	poireau émincé finement	
4	champignons de Paris	
200 g	de pousses d'épinards	2 tasses
4	tomates mondées, épépinées et concassées	
75 ml	d'huile d'olive, divisée	3 c. à soupe
16	feuilles de basilic frais	
	sel et poivre, au goût	

Faire suer le poireau émincé à feu doux dans 10 ml (2 c. à thé) d'huile d'olive quelques minutes. Refroidir. Mélanger le saumon fumé avec le poireau. Assaisonner et réserver.

Dans une poêle, faire tomber les pousses d'épinards dans 15 ml (1 c. à soupe) d'huile d'olive. Assaisonner et réserver.

Mélanger les tomates avec 12 feuilles de basilic hachées et le reste de l'huile d'olive. Assaisonner et réserver.

Au mélangeur ou au robot, réduire les avocats en purée et incorporer le jus du citron vert. Assaisonner et réserver.

Dans un verre de votre choix, déposer en couches successives et dans cet ordre le mélange de saumon fumé, puis les épinards, la tomate concassée et finir par la purée d'avocat.

Décorer avec les champignons en fine julienne et une feuille de basilic.

Gigot braisé aux échalotes vertes

6 PORTIONS

1	gigot	
500 g	d'échalotes vertes	1 lb
2	tomates sans peau	
1	tête d'ail	
40 g	de sucre	2 oz
120 g	de beurre dont 60 g (2 ½ oz) servant à lier le jus	5 oz
150 ml	de fond de volaille	⅔ tasse
250 ml	de vin blanc	1 tasse

Désosser le gigot. Le ficeler pour lui redonner sa forme. Saler et poivrer celui-ci. Dans une sauteuse, mettre 60 g (2 ½ oz) de beurre à chauffer et faire colorer le gigot sur toutes les faces, à feu moyen.

Détacher les gousses d'ail de la tête sans leur retirer la peau et les ajouter dans la sauteuse. Enfourner dans un four préchauffé à 200 °C (400 °F) pendant 30 minutes. Retirer le gigot du four, le mettre de côté, jeter l'excédent de beurre mais laisser l'ail.

Remettre 60 g (2 ½ oz) de beurre dans la sauteuse. Ajouter les échalotes vertes que vous aurez préalablement coupées en deux et les 40 g (2 oz) de sucre. Faire colorer vivement pendant 10 minutes. Poser alors le gigot dessus et laisser cuire dans le four à feu moyen à 180 °C (350 °F) pendant 15 minutes avant d'ajouter les 2 tomates. Déglacer au vin blanc.

Remettre au four pendant une vingtaine de minutes et retourner de temps en temps. Retirer le gigot du four et laisser reposer pour permettre au jus de la viande de se répandre uniformément à l'intérieur.

Sur le feu, poser votre sauteuse et y jeter le fond de volaille et laisser bouillir pendant quelques minutes.

Salade tiède de gigot d'agneau

aux échalotes vertes et citron confit

4 PORTIONS

400 g	de rôti de gigot d'agneau désossé	14 oz
1	citron biologique confit, taillé en cubes	
30 g	d'oignon rouge finement haché	2 c. à soupe
200 ml	d'huile d'olive pour la vinaigrette	⅞ tasse
200 ml	d'huile d'olive pour confire les tomates	⅞ tasse
30 ml	d'huile d'olive pour sauter la viande et les échalotes vertes	2 c. à soupe
2	gousses d'ail hachées	
16	échalotes vertes coupées en deux sur la longueur	
15 g	de persil plat frais, haché	1 c. à soupe
12	mini-tomates	
	quelques feuilles de roquette	
100 g	de parmesan en copeaux	3,5 oz

La veille, préparer la vinaigrette au citron confit. Rincer à l'eau les dés de citron confit afin de retirer l'excès de sel. Mélanger avec l'huile d'olive, le persil haché, l'ail haché et l'oignon rouge. Laisser macérer jusqu'au lendemain.

Préchauffer le four à 180 °C (350 °F). Dans une sauteuse, verser un peu d'huile d'olive, chauffer et saisir le rôti de gigot d'agneau de tous les côtés, puis cuire ensuite au four 20 minutes. Sortir du four et laisser reposer sur une grille une dizaine de minutes. La cuisson doit être rosée.

Chauffer l'huile d'olive restante sans la faire bouillir. Verser sur les mini-tomates pour les confire et laisser refroidir.

Entre-temps, suer les échalotes quelques minutes dans un peu d'huile d'olive, puis réserver.

Trancher le gigot d'agneau encore tiède et le placer au centre de l'assiette. Ajouter les mini-tomates égouttées, les échalotes vertes et arroser de vinaigrette au citron confit. Décorer avec quelques feuilles de roquette et les copeaux de parmesan.

Aiguillettes de canard au vinaigre de framboises

2 PORTIONS

1	canard femelle de 2 kg (4 lb)	
2	pommes	
100 ml	de fond de volaille ou demi-glace	⅓ tasse
60 ml	de vinaigre de framboises	4 c. à soupe
2 ml	de gelée de framboises	1 c. à café
2	échalotes hachées	
1	mirepoix (½ carotte, ¼ oignon et ½ branche de céleri taillés en petits dés de 5 mm [¼ po])	

Détacher toute la chair de poitrine en insérant un couteau très tranchant de chaque côté de l'os médian, ce qui donnera deux morceaux. Garder les cuisses pour une autre recette.

Saler les morceaux; dans un sautoir les faire colorer à feu vif, dans une noix de beurre, pendant deux ou trois minutes. Ajouter la mirepoix et mettre au four préalablement chauffé à 230 °C (450 °F), pendant 5 ou 6 minutes. La cuisson doit être rapide pour garder le canard saignant.

Égoutter le beurre de cuisson, jeter la graisse, enlever les morceaux de canard et réserver au tiède. Ajouter les échalotes et faire revenir quelques secondes. Déglacer avec le vinaigre de framboises, le fond de volaille et la gelée de framboises. Laisser cuire pendant 10 minutes. Passer la sauce à travers une passoire, cette sauce doit avoir l'aspect d'un sirop.

Éplucher et couper les pommes en 8. Les faire colorer doucement dans une poêle avec un peu de beurre.

Escaloper le canard dans l'épaisseur en aiguillettes très fines. Les disposer en éventail sur les assiettes chaudes, les napper de la sauce et disposer dans le haut des assiettes, en demi-lune, les quartiers de pommes dorés. Servir très chaud.

Magret de canard grillé,

chutney de pommes et framboises

4 PORTIONS

2	magrets de canard	
15 ml	d'huile végétale	1 c. à soupe
2	endives	

CHUTNEY

4	pommes Cortland	
500 ml	de framboises fraîches ou congelées	2 tasses
150 g	de sucre roux	5,3 oz
125 ml	de vinaigre de framboise	½ tasse
15 ml	de pignons de pin grillés	1 c. à soupe
½	zeste de citron	

VINAIGRETTE

45 ml	d'huile végétale	3 c. à soupe
15 ml	de vinaigre de framboise	1 c. à soupe
10	feuilles de menthe fraîche	
	sel et poivre, au goût	

Éplucher et couper les pommes en dés. Déposer tous les ingrédients du chutney (sauf les framboises et les pignons de pin) dans une casserole. Porter à ébullition, réduire le feu et cuire 15 minutes à feu doux. En fin de cuisson, ajouter les framboises et les pignons de pin. Réserver.

Dégraisser légèrement les magrets de canard et faire quelques incisions dans le gras. Déposer les magrets sur la grille chaude et légèrement huilée d'un barbecue ou dans une poêle striée, côté gras en premier.

Cuire quelques minutes à feu moyen-vif, puis donner un quart de tour aux magrets pour les quadriller. Au bout de 10 minutes de cuisson, retourner les magrets côté chair et continuer la cuisson quelques minutes de plus à feu moyen-doux. Le magret doit être servi rosé. Laisser reposer une quinzaine de minutes avant de le trancher.

Entre-temps, mélanger le vinaigre de framboise avec l'huile végétale et les feuilles de menthe hachées. Saler et poivrer.

Au moment de servir, verser la vinaigrette sur les endives grossièrement émincées.

Dresser au centre de l'assiette le magret coupé en aiguillettes, ajouter le chutney puis les endives. Déguster.

Lapin sauté à la crème d'estragon

4 PORTIONS

1	lapin de 1,5 kg (3 lb)	
100 g	d'échalotes	4 oz
250 ml	de vin blanc sec	1 tasse
500 ml	de fond de volaille	2 tasses
50 g	de beurre	2 oz
200 ml	de crème 35 %	¾ tasse
1	gousse d'ail	
50 ml	d'huile d'olive (si possible)	¼ tasse
	thym et laurier	
2	branches d'estragon	
	sel, poivre fraîchement moulu	

Hacher finement les échalotes. Couper le lapin en plusieurs morceaux. Mettre à chauffer dans une cocotte le beurre et l'huile. Assaisonner les morceaux de lapin avec le sel et le poivre. Faire colorer le lapin sur chaque face dans la matière grasse, pendant 3 ou 4 minutes.

Égoutter la graisse. Ajouter les échalotes, faire suer quelques minutes sur le feu doux, puis mouiller avec le vin blanc et laisser réduire de moitié. Ajouter le fond de volaille, 1 feuille de laurier, quelques brindilles de thym, l'estragon et l'ail.

Cuire couvert entre 35 et 45 minutes selon la tendreté de votre lapin. Quand celui-ci est cuit, sortir les morceaux, les réserver.

Faire réduire de moitié le jus de cuisson, ajouter ensuite la crème et faire réduire jusqu'à ce que la sauce devienne onctueuse. Vérifier l'assaisonnement. Mélanger vos morceaux de lapin à la sauce.

Vous pouvez servir ce lapin avec des fettucine.

Cuisses de lapin au prosciutto, pleurotes, estragon et chèvre fondu

4 PORTIONS

4	cuisses de lapin	
4	tranches de prosciutto	
300 g	de pleurotes ou de champignons de votre choix	10 oz
100 g	de fromage de chèvre	3,5 oz
250 ml	de vin blanc sec	1 tasse
750 ml	de fond de volaille	3 tasses
2	gousses d'ail hachées	
90 ml	d'échalotes sèches hachées finement	⅓ tasse
45 ml	d'huile d'olive	3 c. à soupe
45 g	d'olives noires dénoyautées	3 c. à soupe
45 g	de beurre	3 c. à soupe
1	botte d'estragon frais, hachée	
	sel et poivre du moulin, au goût	

Saler et poivrer les cuisses de lapin. Dans une cocotte allant au four, saisir à feu vif les cuisses de lapin dans de l'huile d'olive. Ajouter les échalotes et blondir légèrement.

Déglacer au vin blanc, réduire de moitié, puis ajouter le fond de volaille, la moitié de l'estragon et l'ail haché.

Préchauffer le four à 170 °C (325 °F). Enfourner la cocotte et cuire à couvert 1 heure, ou jusqu'à ce que les cuisses soient tendres. Réserver.

Réduire le jus de cuisson à feu vif jusqu'à ce que la sauce nappe le dos d'une cuillère. Monter au beurre en ajoutant une noix de beurre à la sauce en fouettant. Rectifier l'assaisonnement.

Entre-temps, blanchir les olives une minute dans l'eau bouillante. Égoutter et réserver.

Dans une poêle, sauter les champignons à feu vif dans un peu d'huile d'olive et ajouter les olives préalablement blanchies.

Préchauffer le four à « Broil ». Déposer les cuisses dans un plat allant au four. Recouvrir chacune d'une tranche de prosciutto. Répartir ensuite le mélange de champignons et d'olives, puis déposer un morceau de fromage de chèvre sur chaque cuisse. Passer sous le gril « Broil » quelques minutes jusqu'à ce que le fromage soit fondu. Répartir dans quatre assiettes, parsemer d'estragon et servir.

— RECETTE ORIGINALE / Serge Bruyère

Tarte chaude et crème «habitant»

2 PORTIONS

2	pommes	
150 g	de pâte feuilletée	5 oz
80 g	de sucre	3 oz
1	petite poignée de farine	
15 ml	de crème 30 %	1 c. à soupe
15 ml	de crème sûre	1 c. à soupe

Éplucher les pommes, les couper en deux, enlever le cœur puis couper chaque moitié en trois. Réserver.

Fariner légèrement la table de travail. Aplatir au rouleau la pâte feuilletée pour en faire un rond de 18 cm (7 po) de diamètre. Pour ce faire, prendre une assiette à dessert, la poser sur la pâte et couper tout autour avec un couteau.

Mettre ce rond sur une plaque à pâtisserie, y disposer les quartiers de pommes en cercle pour en faire une rosace. Saupoudrer de 80 g (3 oz) de sucre.

Mettre à cuire 35 minutes dans le four préalablement chauffé à 200 °C (400 °F).

Servir aussitôt à la sortie du four, sur une grande assiette, accompagnée de crème «habitant» présentée séparément.

Pour la crème «habitant», mélanger la crème sûre et la crème 30 %.

Panettone comme un pain doré

aux pommes caramélisées, crème «habitant»

4 PORTIONS

4	tranches de panettone (brioche italienne) ou de pain brioché	
8	pommes Cortland	
45 g	de beurre	3 c. à soupe
250 ml	de sirop d'érable	1 tasse
45 ml	de crème à 35%	3 c. à soupe
45 ml	de crème sûre	3 c. à soupe
200 ml	de beurre de pomme	¾ tasse

APPAREIL À PAIN DORÉ

2	gros œufs	
125 ml	de crème	½ tasse
125 ml	de lait	½ tasse
50 g	de sucre	1,5 oz
30 ml	de calvados	2 c. à soupe

Éplucher les pommes et les couper en quartiers. Dans une poêle à feu vif, verser 200 ml (7 oz) de sirop d'érable, y jeter les pommes et cuire jusqu'à caramélisation du sirop d'érable. Les pommes ne doivent pas être trop cuites et rester entières. Retirer les tranches de pommes du liquide et réserver au chaud.

Mélanger en fouettant tous les ingrédients de l'appareil à pain doré, puis imbiber les quatre tranches de panettone avec le mélange.

Dans une poêle, faire fondre le beurre à feu moyen et y déposer une tranche de panettone.

Cuire à feu moyen jusqu'à l'obtention d'une belle coloration dorée.

Entre-temps, mélanger la crème sûre et la crème à 35 %, réserver.

Dans chaque assiette, déposer une tranche de panettone cuit, les quartiers de pommes caramélisées, verser la crème habitant, le beurre de pomme et arroser avec un peu de sirop d'érable.

Index par chefs

Serge Bruyère
À la Table
de Serge Bruyère

Éric Harvey
École Hôtelière de la Capitale

Yves Kervadec
Au pied de la chute

Marie-Chantal Lepage
Château Bonne Entente

Myriam Pelletier
Traiteur

Michel Poitras
Voodoo Grill

Jean Soulard
Le Château Frontenac

Daniel Vézina
Laurie Raphaël

Éric Villain
Café du Clocher Penché

Index alphabétique